海南省乐东黎族自治县耕地资源评价与利用

周运陆 张永发 袁辉林 主编

化学工业出版社

·北京·

内 容 简 介

本书全面系统地介绍了海南省乐东黎族自治县耕地资源的历史和现状，基于 3150 余个点位的调查和养分分析结果，对乐东黎族自治县耕地地力、耕地质量、耕地土壤环境质量及中低产田的地力和改良措施等方面进行了细致分析，揭示了乐东黎族自治县耕地资源的本质和目前存在的问题，并有针对性地提出了改良利用措施。为各级农业科技工作者、各级农业决策者制定农业发展规划，调整农业产业结构，加快绿色、无公害、有机农产品基地建设步伐，保证粮食生产安全，科学施肥，退耕还林还草，为节水农业、生态农业及农业现代化、信息化建设提供了科学依据。

本书对土壤肥料科技工作者及从事农业技术推广与农业生产管理人员具有很好的参考和使用价值。

图书在版编目（CIP）数据

海南省乐东黎族自治县耕地资源评价与利用/周运陆，张永发，袁辉林主编. —北京：化学工业出版社，2022.2
ISBN 978-7-122-40374-2

Ⅰ.①海… Ⅱ.①周… ②张… ③袁… Ⅲ.①耕地资源-资源评价-乐东黎族自治县②耕地资源-资源利用-乐东黎族自治县　Ⅳ.①F323.211②F327.664

中国版本图书馆 CIP 数据核字（2021）第 240392 号

责任编辑：孙高洁　刘　军　　　　　　　装帧设计：李子姮
责任校对：王佳伟

出版发行：化学工业出版社（北京市东城区青年湖南街 13 号　邮政编码 100011）
印　　装：北京建宏印刷有限公司
710mm×1000mm　1/16　印张 10½　字数 194 千字　2021 年 12 月北京第 1 版第 1 次印刷

购书咨询：010-64518888　　　　　　　　售后服务：010-64518899
网　　址：http://www.cip.com.cn
凡购买本书，如有缺损质量问题，本社销售中心负责调换。

定　　价：150.00 元　　　　　　　　　　　　　　　　版权所有　违者必究

编写人员名单

主　　编：周运陆　张永发　袁辉林

副 主 编：张　龙　孙鸿蕊　黎兴健　王汀忠

参编人员：周运陆　张永发　袁辉林　张　龙　孙鸿蕊
　　　　　黎兴健　王汀忠　方志雄　蔡开炯　陈琼武
　　　　　陈　腾　邢维胜　陈　烨　王　晶　吴　霞
　　　　　孙定波　马应雪　吴　燕　陈仕迁　项再华
　　　　　符天锋　孙鸿锐　吴智伟　吴健志　王文斌
　　　　　罗雪华　文　斌

序

农业是国民经济的基础,耕地是农业生产的基础,工业特别是轻工业的原料主要来源于耕地。我国人口众多,人均占有的耕地面积只有世界人均的44%,而且随着人口的不断增加,人均耕地在未来相当长的时期内还会进一步减少。人均耕地面积在减少,这些宝贵耕地资源的质量是在退化还是在提高?这是农业科学工作者普遍关注的问题。开展耕地质量调查评价、摸清耕地质量家底,能为实施乡村振兴战略、保障粮食安全奠定重要基础,为推进农业供给侧结构性改革、优化耕地资源配置提供重要依据,为推动农业绿色发展、加强生态文明建设提供重要保障,为加强耕地质量保护、促进耕地资源可持续利用提供重要支撑,是一项基础性、公益性、长期性工作,具有十分重要的意义。2007~2009 年,乐东黎族自治县地力调查与评价工作完成。在此基础上,结合 2010~2020 年实施的测土配方施肥、耕地质量和化肥减量增效技术推广示范、耕地质量保护与质量提升促进化肥减量增效、农业资源及生态保护(化肥减量增效)等项目的相关数据,完成了乐东黎族自治县耕地资源评价与利用工作。

通过 2007~2020 年的调查与评价,摸清了乐东黎族自治县耕地地力与质量状况及影响当地农业生产持续发展的主要制约因素,建立了乐东黎族自治县耕地地力评价体系和耕地资源信息管理系统,提出了乐东黎族自治县耕地资源合理配置及耕地质量保护、适宜性种植、科学施肥的意见和方法。这些成果为全面提高乐东黎族自治县农业生产水平,实现耕地质量动态监控管理,适时提供辖区内各个耕地基础管理单元土、水、肥、气、热状况及调节措施提供了基础数据平台和管理依据。同时,也为各级农业决策者制定农业发展规划、调整农业产业结构、加快绿色食品基地建设步伐、保证粮食生产安全、促进现代农业建设提供了第一手资料,也为今后进行耕地资源管理与质量保护、实施沃土工程及农业新技术普及工作提供了技术支撑。

本书全面系统地介绍了海南省乐东黎族自治县耕地资源的历史和现状，基于 3150 余个点位的调查和养分分析结果，对乐东黎族自治县耕地地力、耕地质量、耕地土壤环境质量及中低产田的地力和改良措施等方面进行了细致分析，揭示了乐东黎族自治县耕地资源的本质和目前存在的问题，并有针对性地提出了改良利用措施。该书集理论指导性和实际应用性为一体，是一本值得推荐的实用技术读物。该书对土壤肥料科技工作者及市、县、乡（镇）从事农业技术推广与农业生产管理人员具有很好的参考和使用价值。我相信，该书的出版将对耕地资源的合理配置、农业综合生产能力的提高起到积极的促进作用。

乐东黎族自治县人民政府副县长：林振康

2021 年 9 月

前言

海南省乐东黎族自治县（简称乐东县）地处热带北缘，属热带季风气候，自然条件优越，有着丰富的生物和土壤资源，适于各种热带作物生长，生产潜力大，是发展热带特色高效农业的黄金宝地。

根据《全国耕地地力调查与质量评价试点工作方案》《全国耕地地力调查与质量评价技术规程》的要求，海南省乐东县承担了2008年全国耕地地力调查与质量评价试点工作。经过充分调研，摸清了乐东县耕地地力和质量状况，查清了影响当地农业生产持续发展的主要制约因素，建立了较为完善的、操作性强的、科技含量高的乐东县耕地地力评价体系，并初步构筑了乐东县耕地资源信息管理系统；提出了乐东县耕地保护、地力培肥、耕地适宜种植作物、科学施肥及土壤退化防治技术等。这些成果为乐东县各级农业决策者制定农业发展规划、调整农业产业结构、加快绿色食品基地建设步伐、保证粮食生产安全以及促进农业现代化建设，提供了最基础的科学资料和最直接的科学依据，亦为今后大面积开展耕地地力调查与质量评价工作、实施沃土工程、发展旱作节水农业及其他农业新技术普及工作提供了技术支撑。

本书是一项集体成果，也是项目组成员团结协作、共同努力的结果。本书的前言由周运陆和张永发编写，并负责对各章节进行修改补充和全书统稿；第一章由周运陆、孙鸿蕊、蔡开炯、黎兴健、方志雄和邢维胜编写；第二章由周运陆、张永发、张龙、孙定波、马应雪和吴霞编写；第三章由周运陆、孙鸿蕊、陈腾、陈琼武、符天锋、陈烨和王晶编写；第四章由周运陆、张永发、袁辉林、王汀忠、陈琼武和王文斌编写；第五章由周运陆、张永发、袁辉林、王汀忠、张龙和陈仕迁编写；第六章由周运陆、张永发、孙鸿蕊、张龙、孙鸿锐、文斌和吴健志编写，陈仕迁、项再华、吴智伟和罗雪华参与样品化验并核对数据。本书得到中国热带农业科学研究院热带作物品种资源研究所漆智平研究员、魏志远副研究员等专家的大力支持，这里一并致谢。

由于海南省的热带土壤肥料科学研究起步较晚,可参考的资料有限,所以无论深度还是广度,与我国其他地区的技术水平相比均有一定的差距。另外,由于编者水平有限,书中不妥之处在所难免,敬请广大读者批评指正。

编者

2021 年 10 月

目录

第一章　自然与农业生产概况　　001

第一节　自然与农村经济概况　　002
一、地理位置与行政区划　　002
二、土地资源概况　　002
三、自然气候与水文地质条件　　003
四、农村经济概况　　009

第二节　农业生产概况　　011
一、农业发展历史　　011
二、农业发展现状　　012

第三节　耕地利用与保养　　025
一、改造与利用相结合　　025
二、统一规划，用养结合　　025
三、多种经营，全面发展　　026
四、施肥与耕地养分演变　　026
五、耕地保养管理回顾　　027

第二章　耕地地力调查与质量评价　　028

第一节　准备工作　　028
一、组织准备　　028
二、物质准备　　029
三、技术准备　　030
四、资料准备　　031

第二节　室内预研究　　031
一、确定采样点位　　031
二、确定采样方法　　032
三、确定调查内容　　034

  四、确定分析项目和方法 035
  五、确定评价方法 035
  六、确定技术路线 036
 第三节 野外调查采样及质量控制 **037**
  一、调查方法 037
  二、调查项目 038
  三、调查方法与内容质量控制 040
 第四节 样品分析及质量控制 **040**
  一、分析项目及方法 040
  二、分析质量控制 041
 第五节 耕地地力评价依据、方法及评价标准体系的建立 **045**
  一、评价依据 045
  二、评价方法及流程 047
  三、评价标准体系的建立 051
 第六节 耕地资源管理信息系统的建立及应用 **054**
  一、耕地资源管理信息系统（CLRMIS）的总体设计 054
  二、资料收集与整理 056
  三、属性数据库的设计与录入 057
  四、空间数据库的设计与录入 062
  五、数据的连接 066
  六、耕地地力评价 067
 第七节 划分中低产田类型 **068**
  一、坡地梯改型 068
  二、瘠薄培肥型 068
  三、渍涝潜育型 069
  四、干旱灌溉型（含培肥型） 069

第三章 耕地土壤、立地条件与农田基础设施 **070**

 第一节 耕地立地条件 **070**
  一、地形地貌 070
  二、成土母质 070
  三、潜水埋深 071

四、坡度、坡向	071
第二节　土壤类型及分布规律	**071**
一、土壤分类原则、依据	071
二、土壤类型及面积	072
三、各类土壤概况	076
四、土壤分布规律	079
第三节　农田基础设施状况	**079**

第四章　耕地土壤属性　　081

第一节　有机质及大量元素	**081**
一、有机质含量	082
二、全氮含量	084
三、有效磷含量	087
四、速效钾含量	089
五、土壤养分含量变化	091
第二节　中量元素	**092**
一、有效钙含量	092
二、有效镁含量	094
第三节　微量元素	**096**
一、有效硫含量	096
二、有效锌含量	097
第四节　其他属性	**099**
一、土体构型	099
二、土壤质地	100
三、耕层厚度	100
四、土壤酸碱度	101
五、障碍层次	101
第五节　耕地土壤属性综述	**101**
一、有机质	101
二、全氮	102
三、碱解氮	102
四、有效磷	102

五、全钾 103
六、速效钾 103
七、有效钙 103
八、有效镁 103
九、有效硫 104
十、有效锌 104

第五章　耕地地力评价　105

第一节　耕地地力等级划分　105
一、耕地地力评价概括 105
二、耕地地力综合指数分级方案 109
三、耕地地力等级划分结果 109

第二节　耕地地力等级描述　117
一、一级地 117
二、二级地 118
三、三级地 119
四、四级地 120
五、五级地 121

第三节　评价结果与全国耕地地力等级体系　121
一、全国耕地地力等级体系 121
二、评价结果归入全国耕地地力等级体系 122

第六章　耕地地力调查与质量评价的应用研究　124

第一节　种植业结构调整　124
一、种植业结构概况 124
二、种植业的生产现状 125
三、种植业存在的问题 126
四、种植业的发展方向和目标 126
五、种植业结构调整的原则 127

六、种植业结构调整的对策及建议	128
第二节　耕地质量评价与平衡施肥	**134**
一、概况	134
二、调查方法	135
三、分析结果和质量评价	135
四、目前施肥中存在的主要问题	137
五、对策	138
第三节　耕地有效硫含量及分布特征	**139**
一、概况	139
二、调查方法	140
三、结果与分析	140
四、建议	144
第四节　耕地资源利用的对策与建议	**145**
一、耕地资源利用的改良状况	145
二、耕地土壤的改良情况	146
三、耕地改良利用中存在的问题	147
四、耕地改良利用建议	148

参考文献 **154**

第一章　自然与农业生产概况

今日乐东黎族自治县境，原属崖州（县）、东方县和昌感县的一部分。明万历四十四年（1616年），崖州在抱由峒瑞芝山建乐安城，清康熙二十八年（1689年），在抱由峒设乐安营。民国23年（1934年）夏，陈汉光部过琼，在乐安城设"琼崖抚黎专员公署"，民国24年（1935年）5月，广东省国民政府划五指山区为白沙、保亭、乐安三县。9月改乐安县为乐东县（至1988年4月海南建省为止）。自此，乐东县正式设立行政区域。建县初期，仅辖现在的番阳、万冲、三平、抱由、永明、山荣、志仲、大安、千家、福报等乡及现东方县江边乡、三亚市的雅亮乡。1948年6月，成立乐东县人民政府，辖地改设为五个区。1958年10月，撤区并县，将崖县的四区、五区，即现在的九所、乐罗、冲坡、黄流、佛罗、莺歌海乡镇以及原东方县中沙区的一部分乡村，原昌感县的昌厚、丹村、佛新、岭安等乡村划入乐东县。1960年8月，乐东县管辖的雅亮乡划归崖县（现三亚市），江边乡划归东方，1986年7月21日将番阳区划归原通什市（现五指山市）。经过几次划入划出，形成了现在的乐东黎族自治行政区域。乐东县始建至1948年6月成立县人民政府止，隶属广东省第九区行政督察专员公署（即现海南），1948年6月至1949年隶属于琼崖民主政府；1949年至1952年隶属于琼崖少数民族自治区行政委员会；1952年至1988年3月，隶属海南黎族苗族自治州；1988年4月后隶属海南省并更名为乐东黎族自治县（简称乐东县）。乐东县成立之时，县城设于乐安城（现县农科所）。1948年6月迁至抱由镇，至今不变。

乐东县是海南省土地面积最大、人口最多的少数民族自治县，自然条件优越，物种资源十分丰富，素有"天然温室""热作宝地""绿色宝库"等美称，是发展热带特色高效农业的黄金宝地。全县农业产业特色突出，以冬季瓜菜、热带水果、南繁制种和天然橡胶为四大支柱产业，采用农、林、牧、渔业综合发展的农业生产模式，为丰富全国居民"菜篮子""果盘子"发挥了重要的作用，为国家粮食安全做出了重要贡献。乐东县先后被授予"中国香蕉之乡""中国果菜无公害十强县""中国香蕉无公害科技示范县""中国优质果品基地十强县""国家现代农业示范区"等荣誉称号，2013年被农业部认定为国家级杂交水稻种子生产基地，2019年获农业农村部批复第一批开展全国乡村治理体系建设试点县，农民合作社质量提升整县推进试点。

第一节 自然与农村经济概况

一、地理位置与行政区划

乐东县位于海南岛西南部，地势北高南低，靠山临海。地处北纬18°24′～18°58′，东经108°39′～109°24′之间。东连保亭县和五指山市，南临南海与三亚市交界，西临北部湾，北与白沙县、昌江县、东方市接壤。乐东西南部为滨海平原，中部、北部、东南部为山区，海拔1000m以上的山峰有23座。县域北、东及东南面山脉环绕，西北和东北部高，海拔1000m以上的山峰聚集连绵，由东北向西南县界上500～800m的低山横亘起伏，中部和东北部及昌化江沿江两岸为宽广的丘陵盆地，西南部为海拔50m以下的滨海平原和台地，低平开阔，构成了东、北、西北三面环山，西南部向南海敞开，犹如一个大马蹄，呈阶梯状下降的地貌。

乐东县辖11个镇（尖峰、佛罗、黄流、利国、九所、千家、大安、志仲、万冲、抱由、莺歌海），173个村委会（其中少数民族村委会102个），20个居委会（含国营农场改革后设置的5个居委会），568个自然村（其中少数民族自然村439个）。户籍人口54.721万人，其中汉族33.53万人，黎族20.60万人，苗族3112人，壮族1925人，其他民族873人。

二、土地资源概况

（一）结构分布

乐东县土地资源丰富，全县土地面积27.66万公顷，其中耕地总资源5.61万公顷（常用耕地3.08万公顷）；按地形分，山地10.92万公顷，丘陵盆地10.38万公顷，滨海平原6.33万公顷，其他0.03万公顷。全县森林面积18.16万公顷（272.42万亩），森林覆盖率62.95%（山区森林覆盖率69.66%，沿海森林覆盖率53.8%），林木绿化率63.42%。按地类分：林地面积261.08万亩，灌木林地面积0.74万亩，未成林造林地面积5.88万亩，苗圃地面积0.11万亩，无立木林地面积0.93万亩，宜林地面积3.68万亩；按森林类别分：生态公益林地150.92万亩，商品林地121.50万亩；按林种分：防护林地114.90万亩，特用林地39.07万亩，用材林地16.51万亩，经济林地101.94万亩。各种土地分布集中连片，宜种植橡胶地集中于丘陵盆地，农田耕地集中于平原地区，森林草原集中于丘陵山地。这种土地结构，对因地制宜，搞好农业结构调整，建设农林牧和橡胶热作基地，发展农业产业化极为有利。

（二）利用现状

乐东县是少数民族地区，地处海南岛西南部，开发较迟。20世纪30年代以前，90%以上的土地为森林植被所覆盖，气候湿润，土地肥沃。那时当地居民虽然过着"刀耕火种"的生活，但由于人口较少，影响不大，林木尚易恢复。抗战期间，日本人破坏了沿海台地和尖峰岭山麓一带部分森林，广大山地丘陵的森林仍保存较好。1949年，全县森林覆盖面积仍达55.7%以上。自20世纪20年代后期，乐东县外来移民迅速增加，加快了开发速度。先后兴建起以长茅水库为主体的水利工程，发展灌溉农业；建起7个国营农场，利用台地丘陵种植橡胶等热带作物；尖峰、卡法等林场建立后，森林资源也进入了强度较大的开采时期。到目前为止，全县可利用土地面积20.99万公顷，其中宜农地6.36万公顷，宜热作地1.12万公顷，宜林地11.96万公顷，其他地1.55万公顷。

三、自然气候与水文地质条件

（一）气候

乐东县属热带季风气候，主要特点是：光照充足，热量丰富；除山区外，寒潮很少出现，且维持时间短，影响程度轻；大部分地区年降雨量充沛。在一年中干季、雨季分明，不同程度的冬春旱几乎年年都有。沿海平原雨量相对偏少，干旱问题尤其突出。全县受台风影响较轻，但沿海常风大，台风侵袭时受影响也较大。

1. 日照

全县的日照夏长冬短，夏季日最长13.21h，冬季日最短10.96h，相差2.25h。年变化稳定，日照超过12.71h的时期为4月26日至8月19日。年实际日照时数平均为2100～2600h，占可照时数（日长）的49%～59%。沿海年均日照时数多于内陆，沿海地区2621.3h，内陆山区2139.4h。

2. 热量

全县年太阳辐射能量约为502.30～586.02kJ/cm^2，莺歌海590.92kJ/cm^2，是全岛之冠。热量在地区分布上与日照一样，沿海多于内陆。在季节上夏季最多，春季的比例也较大，冬季最少。全县夏热冬暖，只偶有微寒。年平均气温、年极端最高及最低气温，沿海地区与内陆地区均有差别。一年中最冷月份是1月，平均气温为沿海地区20～22℃，内陆地区17～19℃。年极端最低温度多出现在1月，尖峰岭天池1974年1月2日达零下3.0℃，是全县最低值。最热月份是7月，平均气温为沿海地区 28～29℃，内陆地区 27～28℃。根据全县有关气象资料，1977 年 6 月 4 日，曾观测到 39.2℃，是全县最高温度纪录。此外，全县春温上升得早，上升得快，内陆比沿海上升明显，且春温高于秋温（3 月高于 11 月，4 月高于 10 月，5 月高于 9 月）。

全县平均气温多在 10℃以上，历年日平均气温最低值为内陆山区达 10.0℃（1963 年 1 月 15 日），沿海地区曾达 11.6℃（1975 年 12 月 29 日）。全年活动积温为 8500～9200℃，沿海地区高于内陆山区，沿海高达 9217.7℃，内陆为 8690.8℃；在季节分配上，以夏季最高，占年积温的 28%～29%。春季高于秋季，冬季最小。

3. 雨量

全县的雨水十分充沛，但分布不均，具有明显的地区界限。内陆山区的年降雨量 1400～1800mm，沿海地区的年降雨量较大时，占全年雨量的 80%～85%，11 月至次年 4 月为雨量较少的时期，只占年降雨量的 15%～20%。在雨季中，暴雨常集中在 8～10 月，以 8 月概率最大，局部山区每年平均 3～4 次，其余地区 1～2 次。暴雨次数最多的年份，沿海 4～5 次，内陆盆地 5～6 次，山区 11 次，个别年份一次也没有。大暴雨（日降雨量≥150mm）多集中在 7～9 月，维持时间一般 1 天，有时可达 2～3 天。暴雨降雨量占年降雨量为，内陆山区平均约占 22%，最多达 45%，沿海地区平均约占 25%，最多达 45%。尖峰、天池、南涯一带是海南岛暴雨中心之一，其暴雨降雨量特大，最高纪录是南岸水文站记录的数据，达 749.2mm（1979 年 6 月 13 日），其次为尖峰岭林站，达 734.3mm。

全县的降雨平均相对年变率都在 10%～25%之间，内陆山区丘陵地带和沿海地区的降雨平均相对年变率相差比较大。沿海地区的降雨日数平均为 100～110 天，内陆丘陵盆地地带的降雨日数平均为 120～160 天，内陆山区地带的降雨日数平均为 170～180 天。降雨集中在 8～9 月，占全年降雨日数的 23%～33%，日数最少在 1 月。内陆地区降雨量小于 2130mm 的保证率为 90%，小于 1535mm 的保证率为 50%，小于 1140mm 的保证率为 10%；沿海地区降雨量小于 1160mm 的保证率达 70%。

4. 蒸发量

全县年蒸发量，内陆山区为 2000mm，沿海地区为 2300mm 以上，超过了年降雨量。

5. 风

全县年最多风向，沿海地区为东南风，内陆山区为东北风，但 4～8 月则以西南及南风为主。

常风。年平均风速，沿海大于内陆，内陆山区为 2.0m/s，沿海地区为 3.9m/s。

大风。内陆山区≥8 级大风年平均为 1 天，沿海地区为 3 天；≥10 级大风，内陆年平均出现 3 次，沿海 4 次。

大风日数不多，夏秋季的大风主要受台风影响，其次为局部地方性雷阵风，龙卷风出现过，但少见，冬春强冷空气入侵也会引起 6 级以上偏北强风。

台风。全县的台风，沿海多于内陆，沿海受影响的程度也较大。台风年际变化较大，有些年份多至 6~7 次，有些年份一次也没有。台风的月份分布比较集中，8、9 两个月占了将近 50%（一般 6~7 月就开始有台风影响，最迟在 11 月下旬）。台风的次数虽多，但极少在乐东县内直接登陆，中心经过县境内的情况也较少，一般台风到乐东县后风力有所减弱，因此，影响较严重（≥8 级风力）的情况较少。影响全县的台风源于西太平洋和南海，而以西太平洋台风较多。

风调节了乐东县的小气候，带来了温暖湿润的环境，但 10 级以上的强台风，具有较大的破坏力，对人们的生命财产和农作物的生长构成一定的威胁。

（二）地形地貌与成土母质

1. 地形地貌

乐东县按地形和方位可分为 4 个区，即北部尖峰岭—猕猴岭地区、中部盆地—台地平原区、东南部卡法岭—河强岭山地丘陵区和西南部滨海平原区。

（1）北部尖峰岭—猕猴岭地区。东北从马或岭（海拔 1546.2m）开始，经猕猴岭（海拔 1654.8m）至尖峰岭（海拔 1412.5m），呈东北—西南向排列，长 71km，宽 4~24km，面积 984.7km²，占全县总面积的 34%。属于山高坡陡、山谷狭窄的中山地形。猕猴岭、毫肉岭、单峰岭一带一般山坡坡度都达 40°~50°。山地中残留有多级夷平面和山间谷地的堆积面，如尖峰岭热带雨林保护区即为典型的山间堆积面，海拔在 860~880m 之间。

（2）中部盆地—台地平原区。向东北—西南向伸展。长达 63km，宽 18~23km，面积 698.5km²，呈长形盆地。盆地内有大片台地，面积 426.9km²。低台地分布在盆地北半部；中台地分布在盆地南半部；高台地分布在盆地边缘，与丘陵相连。昌化江从东北方流入万冲，经抱由至山荣。昌化江两岸，狭窄的河谷平原和两级阶地断续出现。

（3）东南部卡法岭—河强岭山地丘陵区。本区呈一带状山地分布于县的东南部，以阜隆岭—哥分岭—马咀岭—任政岭与保亭县交界，南部以河强岭、牛拉岭与三亚市为界。整个山体呈东北—西南走向，以中段马咀岭（海拔 1317.1m）最高，往北递降为低山，往西南递降为低山和丘陵。全区面积 549.8km²。

（4）西南部滨海平原区。位于县的西南部，濒临南部，海岸线长 84.3km。北接山地，东接丘陵，东西长约 30km，南北宽 12~20km，面积 651.4km²，占全县总面积 22.59%。滨海平原地势低平，从海面向陆地地势逐渐升高，依形态大致可分成四级。海积平原及第 1~2 级海积阶地，地面平坦，地下水丰富；3~4 级阶地，地下水深埋，引水困难，地面干旱。位于滨海平原的莺歌海盐场是一典型的大潟湖，潟湖外面是沙堤，其下为胶结坚硬的海滩岩。

2. 成土母质与土壤类型

乐东县地形复杂，母岩和成土母质多样，主要有，花岗岩占 59.5%，砂页岩占 21.3%，安山岩占 1.1%，海相沉积物占 14.6%，河流冲积物占 3.5%。土壤类型多种，主要有黄壤、砖红壤性红壤（赤红壤）、砖红壤、燥红土、滨海沙土、潮沙泥土、水稻土等七种土壤类型。共计 16 个亚类、46 个土属、119 个土种。其中水稻土分为 6 个亚类、23 个土属、35 个土种。乐东属热带季风气候，并有明显的区域性差异。在各成土条件的相互作用和人为影响下，形成了各种土壤类型。

主要土壤类型及其分布：

（1）热带山地黄壤：分布高度在 750m 或 800m 以上。可分为山地灰化黄壤和山地黄壤两个亚类。

山地灰化黄壤：分布于海拔 1100m 或 1200m 以上。

山地黄壤：分布于海拔 750m 或 800m 至 1100m 或 1200m 之间。

（2）热带山地砖红壤性红壤：分布于海拔 350m 或 400m 至 750m 或 800m 之间。

（3）砖红壤：分布于海拔 350~400m 以下的山前丘陵地。可分为砖红壤、褐色砖红壤和砖红壤性土三个亚类。

砖红壤：分布于乐东盆地西北部、北部、东南部边缘的山前丘陵和盆地间的缓丘台地。

褐色砖红壤：主要分布于尖峰岭西坡、西北坡和西南坡。

砖红壤性土：分布于乐东县盆地西南部的低丘。

（4）燥红土：大致分布于海拔 10m 以上的滨海阶地。

（5）滨海沙土：大致分布于海拔 10m 以下。

（6）潮沙泥土：分布于昌化江及其支流的两岸，呈长条状分布，地势平坦。

（7）水稻土：分布于山丘之间的谷地、坡脚和台地、河谷两侧，滨海台地间的潟湖或滨海沙土的低平地及河流两岸的冲积物上。主要分为潴育性水稻土、潜育性水稻土、渗育性水稻土、盐渍性水稻土和耕型潮土。

潴育性水稻土：广泛分布于谷底、缓坡、台地、河谷两旁地段及河流两岸的冲积物上。

潜育性水稻土：分布于低洼积水、排水不畅的谷地、滨海台地间潟湖中的低洼地段，面积少而零星分布。

渗育性水稻土：分布在缓坡的梯田或低台地地段上。

盐渍性水稻土：分布于近代浅海沉积物上，地势低洼，在滨海盐渍土的基础上，经垦殖后而形成，面积少，连续，呈带斑状分布。

（三）自然植被

全县现有森林面积260.6万亩，总储量1257.9万立方米，森林覆盖率62.8%。按森林分类经营区分，生态公益林170.1万亩，为森林总面积的65.3%，商品林90.4万亩，为森林总面积的34.7%；按森林起源分，人工林92.6万亩（其中2.2万亩为沿海国家特殊保护林带），天然林168万亩。在省属尖峰岭林业公司的尖峰岭林区及县属的抱告岭、耸鹿岭、抱朗岭、西郎岭、马咀岭、南班岭、佳西、卡法岭等林区，有着丰富的热带原始森林。有珍贵林木子京、坡垒、青梅、红稠、母生、苦梓、绿楠、油丹、花梨、胭脂、黑格、陆均松、鸡毛松、竹叶松、红壳松、荔枝等80多种。森林副资源也十分丰富，主要有红白藤、麻竹、山竹等，药用植物有巴戟、盖智、沉香、槟榔、砂仁、石斛草、青天葵等。在尖峰岭林区已建立国家级热带自然保护区。

1. 作物类

（1）粮食作物。主要有水稻、玉米、番薯、马铃薯、木薯、藕、芋、黑豆、黄豆、扁豆、绿豆、木豆、八月豆等。

（2）野生稻。野生稻是栽培稻的祖先，有较高的科学价值。全县沿海及山区生长着品类齐全、面积较大的野生稻。经专家鉴定有普通野生稻、药用野生稻、疣粒野生稻三个种。

（3）经济作物。主要有甘蔗、花生、芝麻、向日葵、橡胶、腰果、油棕、椰子、胡椒、茶叶、烟草等。

（4）绿肥及饲料类作物。主要有苕子、田菁、红萍、水浮莲等。

2. 菜果类

（1）菜类。主要有洋葱、番茄、茄子、菜椒、豆角、萝卜、青骨菜、包心菜、空心菜、椰子菜、葱、大蒜、韭菜等。

（2）瓜类。主要有青瓜（黄瓜）、节瓜、冬瓜、南瓜、苦瓜、丝瓜、蛇瓜、葫芦瓜、金密瓜等。

（3）果类。主要有芒果、香蕉、西瓜、菠萝蜜、菠萝、柑橘、荔枝、龙眼、杨桃、番木瓜、番石榴、番荔枝、人心果、酸豆等。

3. 竹类

竹的种类主要有黄竹、麻竹、青竹、林仔竹、刺竹、业平竹、藤竹等。

（四）水文条件

全县河流总长度为 198.3km，集雨面积为 3113km²。乐东县大小河溪纵横，主要河流有昌化江、望楼河、白沙河、佛罗河等。其中，昌化江是乐东的过境河流，县内河流长 61km，集雨面积 1333km²；流域全长 230km，流域面积 5070km²，河流平均比降 1.4‰，河流总落差 1272m。望楼河发源于境内南部的尖峰岭，自北向南流经千家、冲坡、乐罗镇，从望楼港注入南海，河流长 99.1km，集雨面积 827km²，总落差 950m。水利水力资源丰富，现建有大小水库 115 宗，其中长茅水库为大（二）型水库，库区集雨面积 256km²，坝顶高达 164.5m，总库容 1.421 亿立方米，设计灌溉面积 17.3 万亩，是集灌溉、发电、养殖于一体的综合工程。

1. 地下水

县内的地下水极为丰富，全县地下水的储量为 1.46 亿立方米，可开采量约 0.52 亿立方米，主要分布在西南沿海平原地区。分为浅层水和深层水。最好的浅层地下水分布在岭头—佛罗—黄流和高远村一带，含水层的岩性为沙砾、粉细沙和砾中粗沙、细沙。含水层深 1~23m，一般水位 1m 左右，最深水位为 2.5m；沿海平原一带村庄，地下水较差的是佛罗镇的长安村，冲坡镇的酸梅园村和抱旺村，九所镇的山脚村等。近海一带地区有些地方的地下水是咸的。深层水分布在岭头—黄流、乐罗—高园村一带。

2. 地表水

县内的地表水比较丰富，大部分靠降水产生，有少部分是由雨水的渗透汇合形成溪流。全县的地表水年平均径流深度为 569mm，年地表水的水量为 16.247 亿立方米（不包括邻县流入的数量），丰水年的年均径流量为 25.833 亿立方米，枯水年的年均径流量为 7.961 亿立方米，两者之间相差 2.24 倍。

全县主要河流有昌化江（包括一级支流南汇河、南丰河、南巴河）和望楼河等。昌化江在县内的流域面积为 1333km²，占全县总面积的 46%，望楼河流域面积为 827km²，占全县总面积的 28%，此外还有白沙河、宁远河、佛罗河等中小河流。

（1）昌化江 昌化江是海南岛第二大河流，发源于琼中县五指山空示岭，为乐东县最大的河流，在县内的干流总长 62km，除三大支流外，干流集雨面积 509km²。

昌化江主要支流有南汇河、南丰（大安）河、南巴河。①南汇河：发源于全县东部堡笔岭，向北流经志仲镇、大安镇至万冲镇，出口流入昌化江干流，全长49km，流域面积378km²，沿途有支流崇龙溪、昂外溪流入。②南丰（大安）河：发源于全县南部牛岭，向北流经大安镇至抱由镇蕃豆村，与昌化江干流汇合，全长35km，流域面积378km²。③南巴河：发源于尖峰岭北部，向东北流至抱由镇扬力村入昌化江，全长36km，流域面积300km²。

（2）望楼河　发源于全县西部尖峰岭南麓，向东流经南赛折东北流经降旗岭北麓，又折向西南流经溪宛村、长茅、响水、石门等至望楼港入海，干流全长87km，流域面积827km²，总落差800m，由河源至溪宛，河床比降很大，溪宛以下比较平缓，但在响水附近，落差平均达40余米。

（3）白沙河　发源于全县西部尖峰岭西南麓，向南经尖峰镇老邢田于白沙港入海。干流全长26km，流域面积166km²。主要支流有长弯溪，全长15km。

（4）佛罗河　发源于全县西部铁色岭，向西流经三曲沟、佛罗镇，于丹村入海，干流长23km，流域面积118km²。

（5）宁远河　在全县内有二条支流。一支流在志仲镇，另一支流在福报乡（2002年被撤销，并入千家镇），流域面积160km²。

四、农村经济概况

1949年以来，全县的农村经济总收入、农村居民人均纯收入均处于连年增长的趋势，特别是党的十一届三中全会以来，随着农村经济改革的不断深入和科学技术的普及与推广，全县的农村经济得到了较快发展。

（一）建省初期农村经济概况

1990年，乐东县农业总产值13519.2万元（1980年不变价），占工农业总产值的77.62%，1990年同1980年相比，农业总产值增长2.6倍，平均每年增长13.7%。主要农产品全面增产。1990年，粮食总产量125272吨，人均产量0.344吨，比1980年增长47.7%；糖蔗总产量196757吨，瓜菜总产量156820吨，比1980年分别增长2.4倍与19倍。热带作物有新的发展。1990年，全县民营橡胶总面积104094亩，当年新种12003亩；腰果总面积63665亩，当年新种1340亩，总产量258吨；胡椒、槟榔、椰子种植面积、产量都分别比1980年有较大幅度增长。1990年，年末生猪存栏量169451头，比1980年增长69%；牛年末存栏量86087头，比1980年增长65%；羊年末存栏量35887头；三鸟（鸡、鸭、鹅）饲养量150.33万只。1990年，全年水产品总产量9429吨；渔业产值1216.2万元，比1980年增长5.4倍。1990年末,全县有林地面积41.8107万亩,其中当年造林22107亩,全县森林覆盖率由1980年的32.4%提高到1990年的39.8%。1990年,全县农民人均收入660元。

(二)2019年农村经济概况

据2019年海南统计年鉴显示,2018年末乐东县常住人口48.27万人,其中城镇人口18.93万人,乡村人口29.34万人;户籍人口54.27万人,其中城镇人口13.21万人,乡村人口41.06万人;人口出生率14.18‰,自然增长率8.7‰。全县乡村劳动力总数30.15万人,乡村从业人员25.25万人,其中农业16.98万人,占乡村从业人员的67.25%,工业0.86万人,仅占乡村从业人员的3.41%。

据2019年乐东县国民经济和社会发展统计公报显示,全县全年实现地区生产总值(GDP)144.35亿元,同比增长3.9%(产值按当年价、增长速度按可比价计算,下同),比全国平均增长6.1%和全省平均增长5.8%分别低2.2和1.9个百分点。按三次产业划分,第一产业增加值完成77.55亿元,增长4.3%;第二产业增加值完成18.05亿元,增长2.1%,其中工业7.37万元,增长0.7%,建筑业10.69万元,增长3.2%;第三产业增加值完成48.75亿元,增长3.9%。三次产业结构为53.7:12.5:33.8。按年平均常住人口计算,全县人均地区生产总值29738元,比上年增长2.9%。稳定常年"菜篮子"基地270hm^2,新增高效农业种植面积1000hm^2。向国家知识产权局注册乐东地理标志证明商标9个,推广名优产品29个。畜牧业养殖规模不断扩大,养殖场达526家。加快南繁核心区配套设施项目建设,打造南繁制育种高地,实现南繁成果就地转化。累计注册农民专业合作社150家、商标60家、涉农企业399家,带动农户从业3万人次。

2019年全县农林牧渔业实现增加值77.55亿元,比上年同期增长4.3%。其中:种植业增加值64.06亿元,增长5.4%;林业增加值2.77亿元,增长12.2%;牧业增加值6.74亿元,下降7.9%;渔业增加值3.97亿元,增长0.5%。粮食收获面积31.43万亩,比上年下降3.3%;产量32.48万吨,比上年增长5.9%;蔬菜(含菜用瓜)收获面积44.64万亩,增长1.2%,产量54.24万吨,增长1.5%。热带水果收获面积28.91万亩,增长2.7%,产量40.57万吨,增长2.8%。渔业总产量3.31万吨,下降6.4%。全年化肥施用量(折纯)4.97万吨,下降1.97%;年末耕地总资源5.61万公顷,常用耕地面积3.08万公顷;农田有效灌溉面积1.44万公顷,增长1.7%。2019年拉动乐东县农业增长的主要产品是瓜菜、水果、生猪、橡胶和水产品。从农业生产情况看,主要表现为几个特点,一是瓜菜生产稳步增长;二是香蕉生产发展较快;三是橡胶生产持续增长;四是畜牧业生产保持强劲增长势头;五是渔业生产快速增长;六是粮食、油料等作物产量均呈现不同程度的下降。

第二节　农业生产概况

一、农业发展历史

乐东县自宋至民国中期为崖州辖地。明万历四十四年（1616年），崖州曾在抱由峒南6km的瑞芝山建筑"乐安城"。明清二代均设"乐安营、汛"。据《崖州志》载，"乐安水（今昌化江）源出五指岭，西南流，至乐安汛地"，故"乐安城"以"乐安水"为名，而乐东县则是由"乐安城"演变而来。民国24年（1935年）四月，广东省政府民政厅正式批准将昌江、感恩、崖县部分黎区划设乐东县，治所设在抱由峒。1950年解放，属海南行政公署管辖。1952年7月属海南黎族苗族自治州管辖。1987年11月20日，国务院批准撤销乐东县，设立乐东黎族自治县，划归海南行政区管辖。1988年海南建省，乐东县属海南省直接管辖。

据考证，海南岛的原始农业起于距今约3000多年前新石器时代晚期。古人在河流中下游开展渔猎、耕作活动。近年来在三亚、东方、昌江、琼中等古遗址出土的工具中有石斧、石凿、石矛、石犁等。古人用这些工具砍伐森林，开发利用土地，开始了锄耕农业。种稻是原始农业的重要部分，海南岛是我国栽培稻种的起源地之一。

党的十一届三中全会后，改革开放，搞活经济，农民积极性得到极大激发，全县农业得到较快发展。

1984~1986年，各县都积极兴办各种商品生产基地，促进商品经济的发展，如三亚市、陵水县、乐东县兴建了冬季蔬菜、西瓜基地。

1989年8月，国家农业综合开发领导小组决定，把海南列为全国19片农业综合开发区之一，投资计划包括省内配套资金和农行贷款，总投资额为2.7亿元（每年9000万元），对农田进行综合治理开发。至1990年底，全省农业综合开发共投入资金1.19亿元。项目区内已增产粮食5000万公斤。其中重点投资的儋县、澄迈、乐东等县粮食增产更为显著，分别比1989年增长16.2%、15%及13.1%。

二、农业发展现状

改革开放以来，乐东县农田水利基本建设取得很大成效，农业生产条件有较大的改善。在稳定粮食生产的基础上，结合农业结构调整，积极发展反季节瓜菜生产及热带经济作物生产，因地制宜，合理调整作物布局，宜农则农，宜牧则牧，宜果则果，宜菜则菜，宜渔则渔，宜林则林。2019年海南农业年鉴显示，2018年，乐东县农业投入资金：农林水支出7.84亿元，农业支出1.14亿元，其中农业生产支持补贴0.37亿元，成品油价格改革对渔业的补贴0.22亿元，其他农业支出0.31亿元，林业支出0.27亿元，水利支出1.29亿元，扶贫支出2.89亿元，其他农业综合开发支出0.49亿元，农村综合改革1.11亿元，普惠金融发展支出0.30亿元。

(一) 种植业

2018年，乐东县农业总产值89.76亿元，比2017年同比增长6.0%，农民人均可支配收入13217元，比2017年同比增长8.6%。全县粮食作物收获面积32.48万亩，总产量9.68万吨。

1. 主要作物

瓜菜收获面积56万亩，产量80万吨，其中大棚哈密瓜收获面积9.98万亩，产量23.75万吨。粮食作物播种面积32.48万亩，总产量9.68万吨。其中稻谷28.72万亩，总产量9.05万吨。薯类种植面积2.33万亩，总产量0.44万吨。豆类种植面积1.44万亩，总产量0.19万吨。油料作物（花生）播种面积2.91万亩，总产量0.51万吨。尖峰镇、佛罗镇、黄流镇主要种植豇豆，九所镇、利国镇主要种植玉豆，千家镇、抱由镇、万冲镇、大安镇、志仲镇主要种植青瓜、茄子、豇豆、毛豆，水稻、番薯和槟榔种植分布于全县各地，玉米、花生种植分布于沿海各镇。

2. 农业结构调整

按照"比较效益最大化，生态平衡最小化"的目标要求，根据地形地貌、气候条件、土壤植被等生产条件差异，从沿海地区到山区可将农业发展空间划分为五个区域并优化结构调整。

(1) 沿海平原瓜菜农业区。地处乐东县西南沿海，包括九所、利国、黄流等镇的全部或部分。本区的耕作条件良好，农业耕作水平相对较高，是最重要的水稻、玉米种业、高品粮、反季节瓜菜的重要产区。

(2) 沿海岸线海洋渔业区。地处乐东县沿海岸线，包括莺歌海、望楼港、岭头村等，以渔业为主。在84.3km的海岸线中，有多处河流入海口和大量滩涂，是有利于发展远洋捕捞、海水养殖业的产区。

(3) 缓坡台地热带水果区。地处乐东县西南与中部的缓坡地区，包括尖峰、佛罗等全部或部分，以种植香蕉、芒果、哈密瓜为主的热带水果主要产区。

(4) 丘陵盆地天然橡胶与畜牧区。地处乐东县中部，包括抱由、万冲、千家、志仲、大安的全部或部分，植胶条件好，宜胶宜林，是乐东县最重要、最集中的橡胶生产区，也是发展黑山羊、高峰羊、五脚猪、家禽（五指山鸡、林养鸡）等畜牧产区。

3. 菜篮子基地

2018年，全县常年蔬菜基地面积5162亩，累计生产产量33197吨，散种面积68753亩，产量57088吨。基地提供的蔬菜品种有小白菜、苋菜、芹菜、芥菜、地瓜叶、韭菜、空心菜、豇豆、茄子、青瓜、丝瓜、皇帝菜等。为加强常年蔬菜生产基础设施，及田间排灌工程建设，扩大种植面积，2018年启动大安镇只朝田洋、九所镇红草园田洋等2个常年蔬菜基地建设，总投资814.81万元，改造面积788亩，其中，只朝田洋415亩，红草园田洋373亩。印发了《乐东黎族自治县2018年菜篮子工程建设实施方案》，细化了菜篮子工程建设的各项任务、明确了各级机构责任，有利于扎实推进常年蔬菜标准化生产。印发了《乐东黎族自治县农业农村局2018年常年蔬菜基地产品质量安全监测工作方案》，严禁使用禁限农药，蔬菜质量安全水平进一步提高。不定时抽检蔬菜，出动农药市场整治执法人员158人次，检查农资经营店198次；积极开展蔬菜农药残留检测，全年共抽检蔬菜样品630个，合格率100%，安全生产事故为零。同时，加强农药使用技术指导，引导生产者科学用药，严格执行安全生产技术规程、农药使用记录、采摘安全间隔期等规定，共进入田间指导34次，涉及农户450人次，发放指导宣传册500份以上。2018年完成基地蔬菜种植技术推广工作，参加培训的农民共500人次，完成生产经营型新型职业培训的农民200人。

4. 病虫害防治

2018年，在全县范围内，对水稻病虫害发病严重的田洋开展统防统治。据统计，共对19个村庄、32个田洋，开展植保无人机统防统治工作，受益农民5.5万人，其中贫困户798户，受益贫困人数2793人。防治区内农药使用量减少20%以上，共完成防治面积2.41万亩次，防治效率达85%以上，有效地控制了农作物病虫害的扩散和蔓延，确保全县2018年重要农作物无大面积发生病虫害现象，为2018年晚造生产大丰收做出了应有的贡献。全县认真及时做好水稻和瓜菜病虫的预测预报工作。共进行病虫测报8期，印发技术资料500多份。指导农民防治农作物病虫害，保护农作物安全生产。

5. 测土配方施肥

2018年，全县范围10个镇，完成采集土壤样品150个，并完成化验分析工作。积极开展农业遥感地面样方三个监测点的土壤墒情和作物长势调查监测工作，共派出4位技术人员下乡监测20多次，发放调查表100份，作物长势照片300多张，为上级管理部门制定相关预案来指导农业生产起到了非常重要的作用。

(二) 热带作物

2018 年，乐东县紧紧围绕"农业增效、农民增收、农村增美"的核心目标，采取措施，促进热作产业健康发展。全县种植热带经济作物 3.87 万公顷，种植热带水果 2.01 万公顷，收获面积 4.85 万公顷，总产量 48.77 万吨，热作总值 37.8 亿元，总产量和总产值分别增长 5.2% 和 16.9%。

1. 橡胶生产

全县橡胶种植 49.5 万亩，品种主要是热研 7-33-97（优良品种），开割面积 38.55 万亩，年产干胶 2.5 万吨，总产值 2.5 亿元。橡胶收入占山区农民总收入的 61%。橡胶干胶收购价 1 万～1.5 万元/吨。

2. 南药生产

乐东南药生产的主要品种有槟榔、益智、砂仁。全县槟榔种植面积 7.63 万亩，鲜果产量 7.2 万吨，总产值 10.8 亿元。反季节槟榔鲜果收购价达到 160 元/斤，全年收购价格平均达到 7～8 元/斤。

3. 椰子生产

全县椰子种植面积 0.86 万亩，总产量平均 598.4 万个，总产值 0.31 亿元。

4. 腰果生产

全县腰果种植面积 0.03 万亩，总产量 27.43 吨。腰果种植主要集中在利国镇水利管养所（尖峰镇和万冲镇也有零散分布），由省腰果研究中心管理，供做品种筛选、创新、开发之用。

5. 热带水果生产

全县芒果种植面积 16.5 万亩，总产量 12.34 万吨，总产值 6.17 亿元。香蕉种植面积 6.9 万亩，总产量 20.98 万吨，总产值 7.97 亿元。菠萝种植面积 0.82 万亩，总产量 1.43 万吨，总产值 2.86 亿元。火龙果种植面积 0.9 万亩，总产量 1.58 万吨，总产值 3.78 亿元。莲雾种植面积 0.16 万亩，总产量 0.21 万吨，总产值 0.39 亿元。龙眼种植面积 3.23 万亩，种植优良品种储良和石硖，其中，储良占 60%，石硖占 40%，总产量 2.02 万吨，总产值 2.02 亿元。荔枝种植面积 0.62 万亩，种植品种有妃子笑和白糖罂，白糖罂占 90%，妃子笑占 10%，总产量 0.45 万吨，总产值 0.93 亿元。百香果种植面积 0.12 万亩，总产量 0.06 万吨，总产值 0.07 亿元。

(三) 畜牧业

2018 年，全县生猪存栏量 28 万头，比去年同期增长 4.5%；牛存栏量 8.3 万头，比去年同期增长 6%；羊存栏量 12.1 万只，比去年同期增长 5.5%；家禽存栏量 183

万只,比去年同期增长3.2%。全县生猪出栏量48万头,比去年同期增长4.1%;牛出栏量3.2万头,比去年同期增长3%;羊出栏量14.2万只,比去年同期增长3%;禽类出栏量322万只,比去年同期增长3.1%;肉类总产量3.8万吨,比去年同期增长3%;禽蛋产量2562吨,比去年同期增长3.4%;牧业总产值12.5亿元,比去年同期3%。农民在牧业方面人均收入2854元,比去年同期增长3.1%。

1. 畜牧生产

2016年,乐东县结合全县畜牧业生产现状,科学研判面临的严峻挑战,研究制定了《乐东县畜牧业"十三五"发展规划(2016—2020年)》,明确"十三五"期间畜牧业发展的总体思路、主要目标。"十三五"期间,全县各类养殖专业户蓬勃发展,畜牧业保持强劲发展的趋势,现有规模化养殖场共554家,其中,生猪规模化养殖场(年出栏100头以上)245家;禽类(年出栏2000只以上)86家;羊规模化养殖场(年出栏50只以上)180家;牛规模化养殖场(年出栏30头以上)27家。养殖专业合作社共364家,养猪专业合作社24家,生猪养殖专业户502户,养牛专业户92户,养羊专业户131户,家禽专业户93户。

2. 动物防疫

全县严格按照省重大动物疫病防控工作要求,以预防为主、防控结合为原则,认真扎实开展全县重大动物疫病防控工作,进一步巩固全县无疫区建设成果,确保全县重大动物疫病零发生和人们的健康安全。据统计,全县春秋季共发放疫苗:猪口蹄疫灭活浓缩苗92万毫升,牛羊口蹄疫双价灭活浓缩苗71万毫升,高致病性猪蓝耳病灭活苗92万毫升,禽流感-新城疫冻干苗151万羽份,禽流感重组灭活苗240万毫升,猪瘟冻干苗43.5万头份;发放消毒药品183箱、防疫登记表852本、金属注射器298支、针头900盒、酒精800瓶、棉花160大包、地塞米松600盒、生理盐水600瓶等物资。严格实行免疫抗体监测,全年共完成口蹄疫监测生猪600头、牛250头、羊600只,以及猪瘟100头,合格率分别为95%、98%、96%、98%;完成禽流感监测家禽475羽,合格率98%;完成鸡新城疫监测200羽,合格率98%;重大动物疫病群体强制免疫密度分别为猪瘟94%、猪口蹄疫95%、高致病性猪蓝耳病94%、牛口蹄疫96%、羊口蹄疫94%、鸡新城疫93%、禽流感(鸡、鸭、鹅平均值)98%。

(四)脱贫攻坚

按照统筹谋划、精准遴选,政府主导、市场运作,突出特色,融合发展的工作思路,结合乡镇实际,形成了以毛豆、火龙果、哈密瓜、金菠萝、蛋鸡养殖、金钱树、莲雾、鸡、冷库、百香果、南繁制育种、蜜蜂等12大特色扶贫产业。2018年,共投入资金 9998.70 万元，惠及全县贫困户 11265 户，贫困人口 45264 人。

1. 特色产业

2018 年 6 月 2 日，印发了《关于发展壮大"5+1"个特色扶贫产业工作方案》（乐脱贫指〔2018〕8 号），明确了发展壮大火龙果、毛豆、哈密瓜、金菠萝、畜禽养殖和全域旅游"5+1"特色扶贫产业的方案。

（1）毛豆。组织海南江福特色农业科技有限公司、乐东绿盛农业开发有限公司、乐东绿康农业科技发展有限公司等农业公司与扶贫专业合作社合作种植毛豆 18751 亩，分布在抱由、大安、万冲、志仲、千家 5 个镇，投入扶贫资金 2445.968 万元。

（2）火龙果。组织海南高明农业发展有限公司、海南柔鸣红心火龙果发展有限公司等农业公司与扶贫专业合作社合作种植火龙果 6558.8 亩，分布在抱由、大安、万冲、志仲、千家、利国、尖峰 7 个镇，投入扶贫资金 4463.99 万元。

（3）哈密瓜。组织海南乐东光伏神农农业旅游有限公司与扶贫专业合作社合作种植哈密瓜 300 亩，分布在佛罗镇，投入扶贫资金 311.8 万元。

（4）金菠萝。组织乐东通海高效农业开发有限公司、海南万钟实业有限公司、海南菠萝企业管理有限公司等农业公司与扶贫专业合作社合作种植金菠萝 2794 亩，分布在大安、万冲、利国、尖峰 4 个镇，投入资金 1076 万元。

（5）蛋鸡养殖。组织海南省顶香生态农业有限公司以及其他公司与扶贫专业合作社合作养殖蛋鸡 43500 羽，分布在抱由、九所 2 个镇，投入资金 448 万元。

（6）金钱树。组织乐东普英洲花卉园艺有限公司与扶贫专业合作社合作种植金钱树 350 亩，分布在佛罗镇，投入扶贫资金 100 万元。

（7）莲雾。组织海南景棠绿色农业有限公司与扶贫专业合作社合作种植莲雾 300 亩，分布在黄流镇，投入扶贫资金 392.94 万元。

（8）鸡。组织乐东佳源农林发展有限公司与扶贫专业合作社合作养殖鸡 20000 羽，分布在尖峰镇，投入扶贫资金 50 万元。

（9）冷库。组织乐东绿康农业科技有限公司与扶贫专业合作社合作修建冷库用于冷藏农产品，分布在大安镇，投入扶贫资金 200 万元。

（10）百香果。组织澳雅之火农业科技发展有限公司、海南保绿农科实业有限公司等农业公司与扶贫专业合作社合作种植百香果 146 亩，分布在大安、万冲 2 个镇，投入扶贫资金 160 万元。

（11）南繁制育种。组织海南春园南繁发展有限公司与扶贫专业合作社合作制育种 600 亩，分布在抱由镇，投入扶贫资金 200 万元。

（12）蜜蜂。组织海南卓津蜂业有限公司与扶贫专业合作社合作投放3144箱蜜蜂，分布在万冲镇，投入扶贫资金150万元。

2. 产业成效

（1）加大产业培育力度。建立了"一个产业、一名领导、一个专班、一笔资金、一套措施、一抓到底"的"六个一"工作机制，大力推广"龙头企业+合作社+贫困户"产业合作帮扶模式，与18家龙头企业签订了合作协议，在发展毛豆、哈密瓜、火龙果、金菠萝、养殖产业、全域旅游六大平台的基础上，逐步推进蛋鸡养殖、金钱树、莲雾、鸡、冷库建设、百香果、南繁制育种等产业。

（2）组织贫困户参与合作社管理和务工。实现了贫困户分红近1000万元，达到入股金额的10%以上，受益贫困户8748户38856人，每年还会根据产业发展情况增加分红。2018年共投入产业发展项目资金12713.7万元，发展产业项目数量109个，已完成109个，辐射带动贫困户2281户9071人，实现未脱贫户覆盖率100%。

（3）突出产业发展成效。2017~2018年，乐东县实施扶贫项目440个。其中，基础设施类100个，产业扶贫类323个，培训类17个，均已建立受益贫困户、非贫困户名册。扶贫资金投资的项目均录入扶贫开发信息系统，单位自筹资金开展的扶贫项目均备案存档。受益对象对项目的基本情况、实施过程以及分红获益等情况均有充分了解。2018年，大力推广"龙头企业+合作社+贫困户"产业合作帮扶模式，组织贫困户参与合作社管理和务工，贫困户分红近1000万元，达到入股金额的10%以上，受益贫困户8748户38856人，每年还会根据产业发展情况增加分红。

（4）严格规范扶贫产业资金管理。成立了扶贫资金使用管理规范组、价格调查小组及整改工作小组，制定扶贫资金定期通报制度，印发了《乐东黎族自治县政府投资扶贫领域项目绿色通道审批管理暂行规定》《乐东黎族自治县产业扶贫投资资金使用监督管理办法》（乐府办[2018]136号）等相关制度。截至12月27日，全县安排财政专项扶贫资金总额为27087.18万元，支出27087.18万元，支出进度100%。印发了《乐东黎族自治县脱贫攻坚项目库建设工作方案》。

3. 农产品销售

2018年，乐东县通过海南爱心扶贫网、掌上乐东、县电商平台等线上平台，已向海南爱心扶贫网报送贫困户农产品43个，包含黎锦、黑山羊、五脚猪、哈密瓜、金钱树、火龙果、鸡蛋等。省领导联系贫困村产品5个，已上架5个。当前架上产品7个，包含咯咯香鸡蛋、雅泉竹酒、佛罗金钱树、春姑娘哈密瓜、江福毛豆、乐东缔佰蔻织锦合作社黎锦产品、望楼港村各类鱼干。截至12月23日，全县线上销售额约64万元,其中春姑娘哈密瓜和咯咯香鸡蛋两个产品的销售数量分别排名全省第三名和第四名,成为线上销售的热门产品和乐东的特色品牌。通过开展现场认购、举办扶贫夜市、爱心集市等活动组织线下销售。截至12月16日,线下销售额约157万元,组织消费扶贫集市71场次,受益贫困户4011人。

(五)生态循环农业

2018年,乐东县回收处置废弃农膜360吨、废弃农药包装物35吨。秸秆腐熟还田技术推广到11个镇,组织县级技术培训2期(次),秸秆还田技术推广人员深入每个镇组织培训1期,秸秆还田示范片区农民全员培训,组织集成示范技术模式现场观摩活动3次。现有秸秆粉碎还田机械14台,补贴金额达到3.402万元;多功能秸秆旋耕机134台,补贴金额28.506万元。主要做法有:

1. 建立养殖小区沼气工程

完成抱由镇、大安镇两个养殖小区沼气池($120m^3$)的建设任务。拉动种植,促进养殖,形成"种植—养殖—沼气"生态链,建设良性生态循环农业。示范推广耕地保护和质量提升促进化肥减量增效项目,推广应用有机肥料,化肥减施率15%以上,耕地土壤有机质提升5%以上;实施统防统治防治农作物病虫害项目,农药减施20%以上,防效达85%以上。

2. 推广秸秆腐熟还田技术

全县水稻种植面积预计达到35.8万亩,机耕面积达到33万亩,机收面积达到33万亩,全县75%秸秆面积得到还田。积极推广稻草直接还田、稻草沤堆还田等秸秆腐熟还田技术。2018年将大安镇昂外村、万冲镇三人村、万冲镇抱隆村作为测土配方施肥技术示范村,推广秸秆还田面积1.5万亩,秸秆还田后土壤有机质增加0.1%~0.3%,碱解氮增加2.1~3.5mg/kg,有效磷增加0.2~0.5mg/kg,速效钾1.1~1.2mg/kg。为了充分发挥财政补贴资金政策效益,加大了秸秆粉碎还田机械的补贴力度。继续落实好农机购置补贴政策,做好先进适用农机具的引进推广,特别是水稻收获机械的引进推广。

(六)南繁基地建设

2018年,乐东县南繁制育种单位有255家,南繁科研育种基地有105家,分别来自全国25个省(市、区),南繁科研工作人员3850人。南繁制育种基地面积约11万亩,占全省42%,其中南繁规划保护区面积8.8万亩,主要分布在沿海一带的九所镇、利国镇、黄流镇、佛罗镇和尖峰镇。南繁作物种类包括水稻、玉米、棉花、瓜菜、淡水水产养殖等。主要做法及成效:

1. 按照海南南繁"一城两区"布局，全力推进国家南繁科研育种基地建设

发挥南繁科技人才作为乐东发展热带特色高效农业的"智库"优势，指导、支持和服务"三农"工作，促进南繁科研成果就地转化。打造集科研育种、农业生产、农耕体验、文化娱乐、科普展示于一体的多元化农旅融合的"南繁黄流特色产业小镇"。与江西天涯种业有限公司、海南广陵有限公司合作完成南繁科研育种新建核心区抱孔田洋土地流转10102亩，江西、广东、辽宁、北京、山东、山西和天津等南繁单位已经进驻新建核心区，和各省（区、市）南繁单位对接并签订合同4638.24亩，力争建成服务全国的海南（乐东）"南繁硅谷"。

2. 加快推进南繁基地建设，带动产业融合发展

推进南繁规划重点项目建设和配套政策措施落地,有力地促进了南繁基地建设、管理和服务迈上新台阶。加快推进8.8万亩南繁保护区建设。以建设规模化、标准化南繁基地为目标，高标准建设好繁制种基地，探索打造成中国对外种子进出口的重要基地。鼓励建立出口种子质量安全示范区与国际农作物新品种展示基地，展示新品种，示范推广，提升种业的质量安全管控水平。支持种业龙头企业组建以南繁为主题的现代农业科技园区，逐步建立南繁产业技术创新战略联盟体。支持建设南繁科技文化展示交流中心，宣传南繁文化。建立乐东南繁论坛会址。鼓励筹建南繁世界玉米论坛大会。依托南繁基地发展特色会展业，承办南繁学术交流与对话平台，搭建多学科、多部门、产学研相结合的高层次学术交流平台。建立南繁新品种（水稻、蔬菜、花卉苗木）示范推广区及热带特色农产品、特色手工艺品展示展销区。建立南繁科研产品品牌推广和农产品交易中心，打造一批符合现代农业技术标准的南繁示范基地，力争打造种子交易市场中心。

3. 发挥南繁科技创新成就，促进成果就地转化

建立健全南繁科研智库，打造人才信息数据库和信息网络，进一步发挥人力资源咨询、参谋助手作用。建立灵活的衔接机制，把南繁科研人才纳入政府人才政策体系，打造南繁科研人才创新创业平台。进一步推动南繁科技成果利用，促进南繁与地方产业融合发展，实现成果就地转化。利用南繁基地，建设优质品种生产示范基地，推广优质品种。用好南繁科研人才智库，促进南繁科研成果就地转化，力争打造"南繁乐东硅谷"，实现乐东农业现代化创新发展。

4. 打造农旅结合的南繁特色产业

在南繁重点乡镇标注全国各省份的南繁基地，规划乡村南繁基地旅游线路，制作图册，逐步打造集休闲观光、田园采摘、度假疗养、农耕文化展示、科普文化教育、农家生活体验馆等多功能为一体的带有南繁文化特色的农家乐及乡村旅游景点。

建设集科研育制种、农业生产、农耕体验、文化娱乐、科普展示、产品加工销售于一体的多元化农旅融合特色小镇,着力打造国家南繁黄流特色小镇。

(七)休闲农业

大力发展农业分享经济,支持有条件的村庄、农场、基地创建"共享农庄",发展休闲农业,抢抓国家开展"田园综合体"建设试点工作机遇,大力推进农旅休闲农业结合,促进第一、第二、第三产业融合发展,推进田园综合体建设。2018年全县有休闲农业企业1家,共享农庄10家。

(八)农产品运销

2018年,乐东县参加了"2018年第七届中国海南(屯昌)农民博览会",做好"乐东品牌农产品展销馆"的装饰及布展工作,在农民博览会上取得丰硕的推介成果,总共签订预购协议8宗。2018年冬交会,乐东县以"以'五化'为引领,促进农业高效发展"为主题,以"品牌引领、产业升级、生态优先、绿色发展"为纽带推介优质农产品。展区面积298 m²(含扶贫展区),参展企业32家,有哈密瓜、火龙果、百香果、蜂蜜、海产品等产品参展,品种达40多种,产品丰富、优质。展销金额为线上销售230万元,订单合同1.5亿元,现场订单1.2亿元,现场销售80万元,观展人流量2.1万人次,大额订单由企业跟订购商共同落实,目标落实率95%。

(九)农业机械化

2018年,乐东县在农机专项整治活动中共开展专项行动5次,出动农机执法人员156人,检查拖拉机83台,查处拖拉机违章24台;无牌行驶车辆21台,其中排除危险隐患15台,未经检验车辆13台;无证驾驶人员21人次。2018年零农机安全生产事故。完成农机具购置补贴发放资金560.738万元,涉及农机具303台,受益农户210户,全县机耕面积49.6万亩。

(十)农业科技与教育

1. 技术培训

2018年,乐东县举办基层农技推广人员知识更新培训省级培训和县级培训,培训人员140人。选派5名基层农技推广骨干人才到湖南农业大学培训学习。组织举办各类农技培训班50期,田间地头培训50场,培训农民3883人次。投入95万元,在千家、抱由、大安、志仲、万冲等5镇培训新型职业农民450人,逐步培育一批有文化、懂技术、善经营、会创业的新型职业农民,带动农村实用人才队伍全面发展,助推农业转型升级。发放《乐东县主要农作物生产技术》《农作物病虫害综合防治技术》《绿色防控技术》《测土配方施肥技术》等科技资料3万册,达到了科学指导农民种田的目的。

2. 农业新技术、新品种推广

2018年，乐东县以粮食、瓜菜、热带水果、畜禽等4个产业为示范主导产业，推广主推技术13项、主导品种30个，主推技术有：水稻"三控"施肥技术、水稻秸秆还田技术、苦瓜水肥一体化技术、豇豆蓟马综合防治技术、瓜菜农药减量主要技术、香蕉水肥一体化技术、规模化猪场绿色养殖和疫病净化技术、中华蜜蜂规模化饲养技术。果（菜、茶）—沼—畜循环农业技术、生石灰改良酸性土壤技术、农田地膜污染综合防控技术、水稻育插秧机械化技术、应用植保无人机与绿色防控相融合防治水稻病虫害技术。全年主推水稻品种有特优128、特优9846、博优551、博优225、博优168、博Ⅱ优312、常规稻桂农占等；玉米有皇冠（甜）、美玉16号（糯）、海玉1号；瓜菜品种有茄子长丰2号、丰茂5号、新丰5号；椒类有海椒109、中椒107号（甜椒）；苦瓜品种有琼2号；黄瓜有津绿18号、津春4号；甜瓜（蜜瓜）有西州蜜25号、西州蜜17号；豆类有华赣-宝冠、油青豆角；热带水果有台农一号芒、贵妃芒、红金龙芒；香蕉品种有巴西蕉、宝岛218；荔枝品种有妃子笑；龙眼品种有储良；畜禽品种有海南黑山羊。

（十一）农村经济发展

1. 依法有序推进农村土地经营权流转，增加农民转移性收入

推动农村土地流转合同制，健全农村土地承包经营权纠纷仲裁体系，依法有序引导农村土地经营权向家庭农场、种养大户、农民合作社组织等新型经营主体流转。引领农业集约化、规模化、标准化、机械化向纵深发展，发展适度规模经营。

2. 用活特色资源，积极培育新型农业经济主体

积极培育新型农村经营主体，鼓励引导社会资本到农村，特别是山区发展适合企业化经营的种养业。提高农业组织化、产业化经营水平，积极引导种植大户创建农业合作示范社。发展壮大农业龙头企业，培育和支持一批实力强、成长性好、竞争优势明显、示范带动能力突出的农业产业化龙头企业。制定了《乐东黎族自治县农业龙头认定和运行监测管理暂行办法（试行）》《乐东黎族自治县示范家庭农场认定暂行办法（试行）》，鼓励农业龙头企业、合作社、家庭农场发展。开展示范家庭农场创建活动，逐步建立起县级示范家庭农场认定监测体系，培育一批生产管理规范、规模经营效益好、带动能力强的示范性家庭农场。截至2018年底，全县累计注册农民专业合作社914家，预计带动从业农户15800余人次。

（十二）品牌农业、农产品质量安全

2018年，乐东县农产品质量安全检测机构3个，分别在抱由镇、利国镇、佛罗

镇 3 个乡镇，检测员共 50 人，负责全县农产品质量安全检验检测工作，加强农药市场专项整治。主要做法有：

1. 加强农药市场监管

以打击禁用农药为重点，采取明察暗访、交叉执法、挂牌督办等方式，联合工商、质监、农业执法等部门加强执法，严厉打击制售、使用禁用农药的行为。全年出动农药市场整治执法人员 585 人次，检查农资经营店 436 次，立案查处 1 宗，结案 1 宗。

2. 强化农药残留监测及规范使用

积极开展瓜菜、热带水果等农药残留检测，加大覆盖率及抽检率。全年抽检瓜菜、水果样品 71000 个，发放农产品质量安全检测合格证 55000 张。特别是加强豇豆、四季豆、苦瓜、西瓜等重点瓜菜品种的农药残留专项及常态化监测力度。加强农药使用技术指导，引导生产者科学用药，严格执行安全生产技术规程、农药使用记录、采摘安全间隔期等规定。共进入田间指导 385 次，涉及农户 3000 人次，发放指导宣传册 8000 份以上。

3. 加大畜产品质量安全整治力度

加强生猪屠宰环节监管力度，对全县 11 个生猪屠宰场点进行监管，严格抓好入场制度的落实，把好检疫、检验大关，认真执行无害化处理管理制度，抓好"瘦肉精"日常监测制度。加大兽药、饲料经营环节的监管力度。加大对经营违禁、假劣兽药和人用药及其将兽用原料药拆零销货的整治力度。重点查处无证经营兽药、饲料和假冒伪劣、违禁兽药、饲料及饲料添加剂，共检查兽药饲料经营户 80 户（次）。加强农业"三品一标"认证和管理，上报无公害农产品认证 7 家，绿色食品 1 家，名牌产品 2 家，加快农业信息化建设步伐，大力发展品牌农业，制定《乐东县推进地理标志证明商标申报工作实施方案》，强化商标注册力度。

（十三）农业投融资服务和现代农业产业园区建设

2018 年，乐东县 4 家农业企业申报的 5 个品种入选海南省省级热作标准化生产示范园名单。分别是：海南乐东希源生态农业有限公司，海南山友生态农业开发有限责任公司，乐东大运种养殖农民专业合作社，海南农垦荣光农场有限公司。

（十四）农业执法

2018 年，乐东县出动农药市场整治执法人员 585 人次，检查农资经营店 436 次，立案查处 1 宗，结案 1 宗；积极开展瓜菜、热带水果等农药残留检测，加大覆盖率及抽检率，截至年底，抽检瓜菜、水果样品 71000 个，发放农产品质量安全检测合格证 55000 张。特别是加强豇豆、四季豆、苦瓜、西瓜等重点瓜菜品种的农药残留专项及常态化监测力度。加强农药使用技术指导，引导生产者科学用药，严格执行安全生产技术规程、农药使用记录、采摘安全间隔期等规定，共进入田间指导385次，涉及农户3000人次，发放指导宣传册8000份以上；抓好畜产品质量安全整治。

(十五) 农业信息化

2018年，乐东县以电子商务进农村为契机和抓手，以"互联网+扶贫""互联网+流通""互联网+农业""互联网+旅游"为突破，结合消费扶贫、惠农超市等，积极探索电商扶贫的新思路、新制度，加速电子商务与扶贫开发深度融合，县镇村电子商务三级服务体系建设初见成效。2018年电商农产品交易额共计96万元。带动就业创业人数达1680余人，人均收入增收1758元。完成市场信息调查15次，报送主要农产品市场价格信息300条。收集发布农情信息80条。

(十六) 渔业

1. 海洋捕捞

2018年，全县渔业产量3.45万吨，其中海洋捕捞产量1.84万吨，淡水捕捞产量0.095万吨。发动老旧渔船转产转业，鼓励渔民退出捕捞行业，启动19艘渔船船主减船转产，完成拆解渔船19艘，功率总计1758千瓦，发放补助资金541.6万元。为解决渔民转产转业问题以及改善渔民生产生活条件，农业农村部同意乐东县建造30艘远洋钢制渔船，其中12艘正在加紧建造，1~5号船完成了95%的进度。

2. 水产养殖

2018年，全县水产养殖面积2663公顷，海水养殖面积676.8公顷，海水养殖产量5443吨，增长0.2%，淡水养殖面积1969公顷，淡水养殖产量9714吨，增长3.9%。将继续开展初级水产品质量安全执法检查。

3. 行政执法

（1）开展初级水产品质量安全执法检查。2018年共开展专项执法检查24次，出动执法人员190余人次，车辆68辆次，走访检查养殖场185家次。开展养殖场现场抽检，全年共出动80人次，检查初级水产品生产基地85家，抽检79个批次初级水产品，其中配合上级检测部门抽样检测34个，均未检测出违禁药物成分。

（2）开展"护渔"工作。开展水生野生保护动物管理，开展专项执法5次。对辖区内水生野生养殖场进行检查，全县3家鳄鱼养殖场均已办理繁育许可证与经营利用许可证。进一步加大伏休执法检查行动力度，以执法行动遏制休渔期非法捕捞行为，重点打击各类违法违规作业渔船。组织开展专项渔区岸线巡查115车次，海上海监、渔政船执法11航次，制止非法捕捞、收购等各类违规行为26起，没收违规出海网具10张,放生水生动物活体约45公斤,立案查处2宗,处罚9000元,没收渔获物变卖38940元上缴国库。

(3)规范水域滩涂养殖活动。委托国家海洋局南海规划与环境研究院对乐东县沿海各镇海岸线一带养殖开展遥感提取、现场核查统计调查,对涉及海水现养殖面积11.5平方千米、一类生态红线内海水养殖面积为65.3066万平方米等出具四至坐标示意图。逐步通过退塘还林、池塘清退、排污系统建设等整治养殖排污问题,转变无序养殖,大力发展生态化、标准化、现代化的有序养殖。

4. 渔业市场与质量监管

2018年,乐东县开展养殖场现场抽检,全年共出动80人次,检查初级水产品生产基地85家,抽检79个批次初级水产品,其中配合上级检测部门抽样检测34个,均未检测出违禁药物成分。继续开展初级水产品质量安全执法检查。2018年共开展专项执法检查24次,出动执法人员190余人次,车辆68辆次,走访检查养殖场185家次。联合县食品药品监督管理局对大安、志仲等农贸市场开展水产随机抽样开展快速检测。配合省级以上抽样检测部门对全县水产品各类抽样22个批次。形成有效的监督机制。

(十七)农田建设

乐东县2018年度农田建设项目共7个,涉及利国镇、佛罗镇、大安镇、万冲镇、尖峰镇、抱由镇等6个乡镇共5.7万亩农田,计划投入三级财政资金1.92亿元,其中包括中央财政资金0.11亿元,省级财政资金0.56亿元,县级财政资金1.25亿元,自筹资金10万元。截至2018年底,已完成农田建设项目2个,正在推进实施项目2个,筹备实施项目3个。主要建设部门为县农业综合开发办公室及县土地储备整理中心。乐东县土地储备整理中心全面建成乐东县抱由镇抱邱村扶贫基本农田建设项目及乐东县尖峰镇凤田村土地开发整理项目,共完成1.35万亩农田的整治任务,完成省级财政投资5294万元;该部门正在积极筹备实施乐东县利国镇冲坡村"旱地改造水田"土地整治项目和乐东县利国镇新联村"旱地改造水田"及基本农田建设项目,计划整治农田面积1.7万亩,共投入县级财政资金5724万元。2017年,抱长洋高标准农田建设项目总体工程进度约为60%,完成三级财政投资约900万元,万冲镇友谊田洋高标准农田建设项目总体工程进度为30%,完成县级财政投资约680万元;乐东县大安水库灌区田洋高标准农田建设项目已完成项目施工招投标,正在筹备项目进场,计划整治农田面积1.76万亩,共投入县级财政资金4407.56万元。

第三节　耕地利用与保养

乐东县地形复杂，土壤类型较多。粮食产量不高，低产田面积大。因此，在水稻土的利用上应以粮食作物为主，提高单产，实行同甘蔗、花生、大豆、香蕉为主的经济作物轮作，提高复种指数，扩大豆科作物面积。旱坡地以种植橡胶、胡椒等热带作物，芒果、龙眼等热带水果以及槟榔、益智、海南砂仁等药用植物为主。与此同时，根据各类型土壤主要障碍因子进行改良，并在耕地利用与管理方面做了大量工作，使农业生产稳步持续地发展。

一、改造与利用相结合

乐东县沿海的低丘地连片平坦的土地面积较大。但常风大，空气湿度低，土壤相对干燥，土壤肥力差，橡胶生长不良，种植菠萝、甘蔗等作物，产量也不高。为此，坚持改造和利用相结合。吸取国营红华农场的成功经验，先营造防护林带（也可全面造林），林间种植绿肥覆盖植物，改良土壤，并且养牛积肥。培肥后，再种植胡椒、茶叶、热带水果等经济价值较高的作物。乐东县山地广阔，土地肥沃，是我国不可多得的热带作物宜种区和高效的农业开发区。最近几年，热带作物如橡胶、胡椒、菠萝、椰子、槟榔、益智、咖啡、可可等都得到了很快的发展，白豆蔻、香草兰等贵重药材和香料，也在我县大面积扩种。

二、统一规划，用养结合

树立全局观念和生态观点，改掠夺的土地经营为集约性经营，统一规划，用养结合，提高土壤资源的生产潜力。乐东县丘陵山地上的土壤分为砖红壤、赤红壤、黄壤三大土类。其特点是富铝化作用强烈，有机质和矿物受到深刻分解，SiO_2及可溶性盐分充分淋失，富含Al_2O_3、Fe_2O_3，土壤呈酸性。潜在养分含量很低，而若再进行掠夺性的种植，土壤将会越种越瘦。因此，应严禁破坏性刀耕火种。坡度大于25°的陡坡地和沿海的风沙地应种林种草放牧。并且要保护好原有次生林，不能重蹈盲目扩大耕地的老路。开垦种植作物时，应统一规划成梯田，种肥盖草，同时还须考虑到丘陵山地养分元素区域性差异特点。由于土壤对肥料需求量大，应注意补充养分，而丘陵下段宜种耐肥作物。根据这一特点，丘陵山地由下至上立体农业布局是：热带经济林与作物（橡胶、咖啡、胡椒等）—经济林（茶及果树）—用材林—封山育林。

三、多种经营，全面发展

坚持遵循自然规律、经济规律和社会需要的原则，多种经营，全面发展。乐东县丘陵山地上的土壤适宜生长季雨林、雨林、常绿阔叶林等，油茶、茶、毛竹等也十分适宜。加之气候环境条件良好，适宜种植热带作物、热带水果以及南药，如橡胶、咖啡、胡椒、椰子、香蕉、石榴、槟榔、可可、益智、海南砂仁、丁香等。目前，橡胶面积较大，但单产较低。其他作物如咖啡、可可、益智、海南砂仁、丁香、柑橙、甘蔗、石榴却很少。应逐渐调整，把乐东县的优势充分发挥出来。对现有的橡胶着重提高单产，不能毁胶种果、种南药。对现有的荒地进行合理的开垦。乐东县西部山区土特产资源丰富，有珍稀药用植物见血封喉、海南红壳松、海南大血树、大枫子、巴豆、龙血树、槟榔、巴戟、益智、草豆蔻、沉香等100多种，其中大洲岛龙血树为治疗高血压的良药，已列入国家重点保护的树种名单。

乐东县海域辽阔，全县海岸线长84.3km，海域面积1726.8km^2，100m水深以内的渔场面积有9000km^2。沿海有7500亩海沙地可以发展高位池养虾，有9000亩滩涂可养殖对虾、青蟹、江篱、鲻鱼和贝类。

乐东县境内河流众多，水源充足，水质较优良，是发展淡水养殖的极好条件。淡水产品资源有鲢鱼、鲤鱼、鳙鱼、草鱼、罗非鱼、鲫鱼、斑鱼、龟、鳖等，发展淡水养殖大有可为。

积极推进农业经济结构的战略性调整，用现代产业体系提升农业。从各镇（村）实际出发，把生产发展放到新农村建设的首要位置，按照"调精种植业、调大畜牧业、调优水产业、调活二、三产业"的工作思路，在稳定的基础上调整提高乐东的粮食、香蕉、瓜菜三大传统产业，重点是从粗放的经营方式转变到集约的增长方式上来，加大对农业三大传统产业的科技投入，提高单产，实行集约经营，通过转变增长方式来提高产品产量。同时，因地制宜，突出特色，引导农民大力发展基地农业，创建农业品牌。努力构建以"热带作物、反季节瓜菜、海水养殖、畜牧饲养、南药种植加工"为特色的乐东现代农业产业体系，推进农业产业升级。加快推进农业经济结构调整，完善农民改革耕作制度，每年每个工作组推行高效作物在水田100亩以上，扶持培育1个农业结构调整增收示范村，通过典型带动，创建一批现代产业村，促进农业经济的效益和质量不断提高，农民收入持续增加。

四、施肥与耕地养分演变

从1949年到1970年，主要施肥制度一直沿袭千年的传统方式，主要以农家肥为主，亩施农肥 750~1000kg，农家肥主要以人畜粪尿、厩肥、炕土、秸秆堆沤等为主。

1970 年到 1980 年，主要采用以农家肥为主、化肥为辅的方式。随着化肥工业的迅猛发展，开始推广施用化学肥料，特别是氮磷化肥开始施用，弥补了土壤缺磷少氮的不足，改变了土壤养分构成，使土壤肥力有所改善和提高。80 年代后期，随着农业机械化的高速发展，农家肥的投入呈逐渐减少的态势，亩施农肥 500kg 左右，有些农田甚至只施化肥，不施农家肥，化肥使用数量成倍增加，弥补了农肥施用不足的局面。此次调查与第二次土壤普查相比，土壤中有机质的一级、二级和三级土壤的比例有所下降，四级、五级和六级有所上升，其中三级下降的幅度最大，下降了 9.04%；全氮的四级和六级土壤比例上升幅度最大，分别上升了 8.82%和 14.38%，三级土壤的比例下降幅度最大，下降了 17.34%；有效磷的一级和二级土壤比例上升幅度较大，分别上升了 26.50%和 12.24%，六级土壤比例下降的幅度最大，下降了 17.23%；速效钾的一级、二级和三级土壤比例都有所下降。由此可见，总体水平上，土壤养分含量水平总体有所下降，全县耕地土壤出现了富磷缺钾的状况。

五、耕地保养管理回顾

农业是国民经济的基础，要始终把农业放在发展国民经济的首位。要立足于适应需求和增加农民收入，着眼于农业的现代化长远发展，以加工运销为中心，加大农业和农村经济结构调整力度，提高农业整体素质和效益。把我县建设成为在全国有较强竞争力的冬季瓜菜生产基地、无公害农产品出口基地、优质海洋水产基地。近年来，随着农业产业结构调整步伐的不断加快，政府大力实施沃土计划及旱作农业技术，大面积的秸秆还田，使耕地土壤肥力逐步提高。由于乐东所处地理环境优越，没有大型的工业污染，而且防护林面积逐年增加，全县的农业生态环境得到很大改善。特别是通过采取一系列有效措施，加大农业投入，治理整顿污染源，实施"三废"达标排放和无公害产品行动计划，禁止高度农药使用，并从源头抓起，努力改善产地环境，使乐东县农业生态环境依然向安全、优质、高校农业迈进。

认真贯彻落实"十分珍惜和合理利用土地，切实保护耕地"的基本国策，深化土地管理体制改革，实现土地资源的优化配置，促进土地资源的可持续开发利用。在切实保护耕地的基础上，力求保持耕地总量动态平衡，以供给制约和引导需求，统筹兼顾，综合协调，因地制宜制定各类用地总量，确保实现土地资源开发利用的经济、社会和生态环境效益的最佳统一。

第二章　耕地地力调查与质量评价

根据《全国耕地地力调查与质量评价技术规程》中对耕地地力的描述，耕地地力是指在当前管理水平下，由土壤本身特性、自然背景条件和基础设施水平等要素综合构成的耕地生产能力。耕地地力由三大主要因素决定：一是立地条件，即与耕地地力直接相关的地形地貌及成土母质特征。地形地貌指中地形部位与微地貌单元。成土母质则为岩石风化物的物质组成、岩性与堆积状况。二是土壤条件，包括土壤剖面与土体构型、耕作层土壤的理化性状、特殊土壤的理化指标等。三是农田基础设施条件及培肥水平。耕地质量是指耕地满足作物生长和清洁生产的程度，包括耕地地力和土壤环境质量两方面。

第一节　准备工作

一、组织准备

（一）成立领导小组

为了加强对耕地地力评价项目的领导，成立了乐东县耕地地力评价工作领导小组，负责耕地地力评价项目的组织实施。由分管农业的副县长任组长，县政府办、农业农村局、财政局和农业技术推广服务中心主要负责人任副组长，小组成员由县农业农村局、农业技术推广服务中心、各镇政府一名负责人组成，领导小组下设办公室，负责耕地地力评价项目的组织、指导、协调和实施等工作。办公室聘请海南省土肥总站、中国热带农业科学院、海南省农业科学院的土壤肥料专家组成专家组，负责技术培训、资料编写、巡回现场指导和提供咨询服务。各镇也相应成立耕地地力评价项目领导机构，配备专职人员，使全县形成了"事事有人管，层层有人抓"的良好工作局面。同时把耕地地力评价工作纳入镇领导年终考核。领导重视，措施得力，责任明确，为项目顺利实施提供了强有力的保证。

（二）成立专家小组

聘请海南省农业农村厅、中国热带农业科学院、海南省农业科学院有关专家以及具有丰富实践经验的技术人员组成技术指导小组。具体负责技术指导、质量控制等工作。

(三) 成立工作小组

成立野外调查、化验分析和室内工作三个工作组，实行站长负责制。野外调查小组：由海南省土壤肥料总站、乐东县农业技术推广服务中心、各乡镇农技站共35人组成，负责土地利用现状补调、农业生产状况调查、典型农户调查和样品采集。化验分析小组：由海南省土壤肥料总站、中国热带农业科学院、乐东县农业技术推广服务中心综合实验室人员组成，负责样品的处理、营养元素和重金属元素的化验分析，农药残留以及水样分析样品的化验。室内小组：由海南省土壤肥料总站、乐东县农业技术推广服务中心技术人员、中国热带农业科学院和海南大学的教授、研究生等有关人员组成，负责野外调查小组的资料核实整理，相关资料、图件的录入，建立各种数据库和耕地质量管理信息系统，编写各种文字材料，编制成果图。

二、物质准备

(一) 野外调查及采样工具

根据《全国耕地地力调查与质量评价技术规程》要求，进行了充分的物质准备，田间采样工具包括铁铲、木铲、土袋、不锈钢土钻、环刀（测定土壤容重，环刀为容积 $100cm^3$，钢制环刀包括环刀和环刀托两部分，上有两个小排水孔）、水样瓶及水样固定剂等；观察记载设备主要包括野外调查表格、照相机、手持 GPS 定位仪以及土壤理化性状速测仪等。

(二) 分析测试设备

在原来土壤化学实验室的基础上，进行必要的补充和维修，为全面调查和室内化验分析做好了充分的物质准备。以现有土肥测试设备为基础，添置必要的测试仪器及玻璃仪器和化学试剂。购买土壤养分检测分析标准物质，制备土壤参比样等，确定统一的分析方法和质量控制标准。应注意蔬菜地土壤硝酸盐的测定需在取土后 24h 内进行化验。

(三) 建设硬件及管理软件

硬件包括地理信息系统工作站、计算机、数字化仪、打印机、工程扫描仪（A0）、彩色喷墨绘图仪（A0）、手持卫星定位仪（GPS）等。软件主要包括地理信息系统软件（如 ArcGIS、MapGIS、MapINFO 等）、操作系统（Windows XP、Windows 7 等）、数据库管理（如 ACCESS）、数据统计分析（如 SPSS、SAS）等应用软件。

三、技术准备

（一）编制技术规程和实施方案

为了做好试点工作，海南省土壤肥料总站先后几次召开座谈会，在参照全国耕地地力调查与评价的基础上，结合本地实际，制定本地的技术操作规程和具体实施方案。就操作的规程和调查的工作方案，征求专家们的意见和建议，不断完善规程和技术方案，并针对不同工作阶段所遇到的难题向他们咨询请教，确保工作质量和工作进度。

（二）确定评价单元和调查采样点

组织专家应用专家经验法或主要成分分析法等数学方法，在全国耕地地力评价指标体系框架内，选择本县域内的耕地地力评价因子，确定评价指标体系。用基本农田保护区规划图与土地利用现状图、土壤图叠加形成的图斑作为评价单元图，在评价单元内，参考第二次土壤普查采样点的位置，综合分析农业生产现状及土壤样点的代表性，确定调查与采样点位。

（三）建立 GIS 支持下的耕地资源数据库系统标准

耕地地力调查与质量评价工作由农业农村部负责编制统一的数据录入汇总信息系统，包括统一的数据标准、统一的数据库质量控制、统一的系统操作和数据管理、统一的系统用户编码、数据安全加密系统等。所有调查和检测数据均采用计算机技术进行汇总，部分数据进行计算机系统分析，以提高数据录入和成果汇总的效率，同时提高成果的质量。

（四）建立 GIS 支持下的耕地资源数据库系统标准

省土壤肥料总站先后两次派技术骨干参加了农业农村部举办的培训班，将技术问题消化在培训班上，为举办本省培训班打好坚实基础；省土壤肥料总站对参加试点工作的所有同志进行了技术培训，帮助他们掌握了技术技能和操作规程，使试点工作顺利开展。培训的内容包括：

（1）田间调查技术　包括采样点的选择、GPS 应用技术、采样技术、调查表填写等。

（2）计算机应用技术　包括图件数字化、数据录入、数据库建立、GIS 应用技术等。

（3）检测技能　包括样品前处理、精密仪器使用、检测结果计算、检测质量控制以及注意事项等。

（4）调查报告编写　包括工作报告、技术报告和专题报告等。

(5) 相关部门配合　包括在编制相关图纸的系列图件过程中，得到了国土、水利、民政、建设等部门的大力支持，在计算机编绘图件方面与中国热带农业科学院和海南大学密切合作。

四、资料准备

（一）图件资料

收集乐东县1∶5万比例尺的地形图、土地利用现状图、土壤类型分布图、基本农田保护区图，尤其是这些图件的电子版资料。

（二）数据资料

收集农村及农业生产基本情况资料，近三年主要粮食作物、主要农作物品种、产量构成资料，各种农作物种植面积统计资料（以村为单位），粮食单产、总产，基本农田保护区地块登记表及数据统计资料，历年土壤肥力监测点田间记载及检测结果资料，主要农作物种植类型以及名、特、优特色农产品分布、数量等资料，主要污染源调查情况统计表，包括点源污染、面源污染类型、污染方式、污染强度等，近几年肥料肥效试验及示范资料，不同作物、不同土壤类型、不同施肥水平的肥料试验数据。建立一套最新、最准确的县、乡、村名统一编码表，还应建立一套新旧对照表，以及近几年土壤、植株、水样检测资料等。

（三）文字资料

收集乐东县第二次土壤普查有关文字、数据资料。收集乐东县大气、水质重点污染源分布及排污情况等有关资料。收集乐东县蔬菜种植面积、品种、产量及污染情况资料。收集乐东县多年以来的农业统计资料。收集乐东县水利方面有效灌溉面积、灌溉水保证率，林业方面退耕还林规划、水土保持，植保方面农药使用数量及品种，土壤肥料方面肥料使用品种及数量、土壤肥力动态监测、基础农田设施等情况资料。

第二节　室内预研究

一、确定采样点位

（一）布点和采样原则

为了使土壤调查所获取的信息具有一定的典型性和代表性，提高工作效率，节省人力和资金,在布点和采样时主要遵循了以下原则:一是布点具有广泛的代表性,同时兼顾均匀性;二是耕地地力调查与土壤污染调查布点相结合,适当加大采样点密度;三是尽可能在全国第二次土壤普查时的剖面或农化样取样点上布点;四是采集的样品要具有典型性,能代表其对应的评价单元最明显、最稳定、最典型的特征,避免各种非调查因素的影响;五是所调查农户有不在同一地点的多块耕地或同一地点种植不同作物时,应按照事先所确定的该点位的基本条件,只在符合要求的同一块地内取样。

(二)布点方法

1. 大田土样布点方法

充分利用县级比例尺 1:5 万的《土壤类型分布图》《土地利用现状图》和《基本农田保护区图》,将三图进行空间叠加产生的图斑作为取样点(即地力评价单元),从而确定地类界线、土壤类型属性以及图斑面积数据等,并逐一进行编号。样点位置基本上与全国第二次土壤普查的采样点相符合。

2. 土壤污染调查布点方法

乐东基本无工矿污染,污染调查主要考虑农业面源污染,其中以水田和蔬菜地作为重点。

3. 土壤容重样布点方法

容重样的布点原则上每个土种都必须顾及,耕地面积小的土种上 1:5 万的图斑很小,可以归并到其他耕地面积较大的物理性质相似的土种。

二、确定采样方法

(一)大田土样采样方法

1. 采集时间

在 2008 年 10 月中旬水稻收割后进行,按叠加图上确定的调查点位去野外采样,采集耕层(0~25cm)和亚耕层(25~50cm)的土壤。通过向农民实地了解当地的农业生产情况,确定最具代表性的同一农户的同一块田采样,田块面积均在 0.067hm^2 以上,并用 GPS 仪确定地理坐标和海拔高程,依此准确定位修正点位图上的点位位置。

2. 调查和取样

向已确定采样田块的户主,按调查表格的内容逐项进行调查访问。调查严格遵循实事求是的原则,对那些讲述不清楚的农户,通过访问地力水平相当、位置基本一致的其他农户或对实物进行核对推算。采样采用 X 法、S 法棋盘法等多种形式的任何一种，均匀随机采取 10～15 个以上采样点，土样充分混合后，四分法留取 1kg 左右组成一个土壤样品。

3. 采样工具

准备铲刀和不锈钢土钻。一袋土样填写两张标签，内外各一张。标签主要内容为：样品野外编号、采样深度、采样地点、采样时间、采样人等。采样的同时，填写大田采样点基本情况调查表和大田采样点农户调查表。

(二) 蔬菜地土样采样方法

1. 采集时间

保护地在主导蔬菜收获后的凉棚期间采样。露天菜地在主导蔬菜收获后、下茬蔬菜施肥前采样。

2. 野外采样地块确定

根据点位图，到点位所在的村庄向农民实地了解当地蔬菜地的设施类型、棚龄或种菜的年限、主要蔬菜种类，确定具有代表性的田块进行采样。采样点所在区域蔬菜种植要相对集中连片，面积达 $6hm^2$ 以上，种植年限在 2 年以上。用 GPS 仪进行定位，依此修正点位图上的点位位置。若确定的菜地与事先确定的布点目标不一致，要将其情况向技术组说明，以便调整。

3. 调查与取样

向已确定采样田块的户主，按调查表格内容逐项进行调查访问，并在该田块里采集土样。耕层样采样深度为 0～25cm，亚耕层样采样深度为 25～50cm。耕层及亚耕层样采用 X 法、S 法棋盘法等多种形式的任何一种，均匀随机采取 15～20 个采样点。按照蔬菜地的沟、垄面积比例确定沟、垄取土点位的数量，土样充分混合后，四分法留取 1.5kg。其他同大田土样采集。

打环刀测容重的位置：选择栽培蔬菜的地方，第一层 10～15cm，第二层 35～40cm，每层打 3 个环刀。

(三) 污染调查土样采样方法

乐东县由于工矿区少，一般没有面源污染，主要调查农药和化肥过量使用造成的污染，所以，污染土样采样主要选择蔬菜地。

野外确定采土地点，根据调查了解的实际情况，修正点位图上点的位置。

根据面积大小，确定采样点的布设方法。面积较小、地势平坦时采用梅花布点法；面积较大、地势较复杂的采用 S 布点法。每个样品一般由 10～15 个采样点组成，面积大的适当增加采样点。采样深度一般为 0～20cm。采样的同时，对采样地环境情况进行调查。

（四）果园土样采集方法

根据点位图所在位置到所在的村庄向农民实地了解当地果园品种、树龄等情况，确定具有代表性的同一农户的同一果园地进行采样。用 GPS 仪定位，依次修正点位图上的点位位置。采样深度为 0~40cm。采样的同时，做好采样点调查记录。

（五）土壤容重采样方法

大田土壤选择 5~15cm 土层打环刀，打三个环刀。蔬菜地普通样品在 10~25cm。剖面样品在每层中部位置打环刀，每层打三个环刀。

三、确定调查内容

根据《全国耕地地力调查与质量评价技术规程》要求，制作了大田、蔬菜地和污染三种调查表格。大田和蔬菜地调查分别有基本情况调查表和农户调查表两张表格，调查内容主要是：采样地点、土种类型、地形地貌、土壤性状、农田设施、生产性能、施肥与喷药情况、管理措施、种植制度、产量水平、投入与产出等。污染调查的内容主要是：采样地点、土种类型、地形地貌、生产性能、污染物类型、污染范围、造成的危害及经济损失等。主要包括四个方面：一是与耕地地力评价相关的耕地自然环境条件，农田基础设施建设水平和土壤理化性状，耕地土壤障碍因素和土壤退化原因，等；二是与农产品品质相关的耕地土壤环境状况，如土壤的富营养化、养分不平衡与缺乏微量元素和土壤污染等；三是与农业结构调整密切相关的耕地土壤适宜性问题等；四是农户生产管理情况调查。

以上资料的获得，一是利用第二次投入普查和土地利用详查等现有资料，通过收集整理而来；二是采用以点带面的调查方法，经过实地调查访问农户获得的；三是对所采集样品进行相关分析化验后取得；四是将所有有限资料、农户生产管理情况调查资料、分析数据录入到计算机中，并经过矢量化处理形成数字化图件、插值，使每个地块均具有各种资料信息，并获取相关资料信息。这些资料和信息，对分析耕地地力评价与耕地质量评价结果及影响因素具有重要意义。如通过分析农户投入和生产管理对耕地地力土壤环境的影响，分析农民现阶段投入成本与耕地质量直接的关系，有利于提高成果的现实性，引起各级领导关注。通过对每个地块资源的充实完善，可以从微观角度，对土、肥、气、热、水资源运行情况有更周密的了解，提出管理措施和对策，指导农民进行资源合理利用和分配。通过对全部信息资料的了解和掌握，可以宏观调控资源配置，合理调整农业结构，科学指导农业生产。

四、确定分析项目和方法

（一）物理性状

土壤容重。

（二）化学性状

（1）土壤样品分析项目包括：土壤 pH、有机质、全氮、有效磷、速效钾、有效态（铜、锌、铁、锰、硼、钼、硅、钙、镁、硫）。

（2）土壤污染调查样品分析项目包括：土壤 pH、铅、镉、汞、砷、铬、镍、铜、锌、六六六、滴滴涕等。

（三）分析方法

（1）土壤容重：环刀法。

（2）土壤 pH：玻璃电极法。

（3）有机质：重铬酸钾-硫酸溶液-钼锑抗比色法。

（4）有效磷：氟化铵-盐酸提取-钼锑抗比色法。

（5）速效钾：乙酸铵提取-火焰光度法。

（6）全氮：半微量开氏法。

（7）有效性铜、锌、铁、锰：0.1mol/L 盐酸提取-原子吸收光谱法。

（8）有效钼：草酸-草酸铵提取-极谱法。

（9）水溶性硼：姜黄素比色法。

（10）有效硫：磷酸盐-乙酸提取，硫酸钡比浊法。

（11）有效硅：柠檬酸浸提-硅钼蓝比色法。

（12）交换性钙和镁：乙酸铵-原子吸收光谱法。

五、确定评价方法

（1）确定评价单元　利用基本农田保护区划图、土壤图和土地利用现状图叠加的图斑作为基本评价单元。相似相近的评价单元至少采集一个土壤样品进行分析，在评价单元图上连接评价单元属性数据库，用计算机绘制各评价因子图。

（2）确定评价因子　根据全国、省级耕地地力评价指标体系并通过农科教专家论证来选择本县域耕地地力评价因子。

（3）确定评价因子权重　用模糊数学特尔菲法和层次分析法将评价因子标准数据化，并计算出每一评价因子的权重。

（4）数据标准化　选用隶属函数法和专家经验法等数据标准化方法，对评价指标进行数据标准化。对定性指标进行数值化描述。

（5）综合地力指数计算　将各因子的生产性能指数累加得到每个评价单元的综合地力指数。

（6）划分地力等级　根据综合地力指数分布的累积频率曲线法或等距法，确定分级方案，并划分地力等级。

（7）归入全国耕地地力等级体系　依据《全国耕地类型区、耕地地力等级划分》（NY/T 309—1996），归纳整理各级耕地地力要素主要指标，结合专家经验，将各级耕地地力归入全国耕地地力等级体系。

（8）耕地质量评价　用综合污染指数法评价耕地土壤环境质量。

（9）耕地质量评价　依据《全国中低产田类型划分与改良技术规范》（NY/T 310—1996），分析评价单元耕地土壤主要障碍因素，划分并确定中低产田类型。

六、确定技术路线

乐东县耕地地力调查与质量评价工作所采取的技术路线如图 2-1 所示。

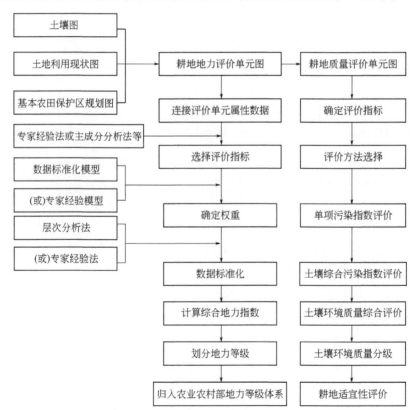

图 2-1　耕地地力调查与质量评价技术路线图

第三节　野外调查采样及质量控制

调查与样品采集是耕地地力调查与质量评价的重要组成部分,调查内容的选择、采样地点的确定与采样点数量的多少直接关系到耕地质量评价的精度,掌握布点、采样、调查等技术,既能满足耕地质量评价对采样数量、样品代表性的要求,又可以减少野外调查、采样的工作量,节省经费和时间。

一、调查方法

一是大田(包括菜地)采样点的自然条件与农业生产情况调查,内容包括地形地貌、成土母质、水文气象、土壤性状、农田设施、生产性能与管理、施肥水平、投入产出等情况;二是污染源基本情况调查,内容包括污染类型、污染范围及面积、污染造成的危害及经济损失等。调查情况分别填入"大田采样点基本情况调查表""大田采样点农户调查表""污染源基本情况调查表""蔬菜地采样点基本情况调查表""蔬菜地采样点农户调查表"。

(一) 采样

利用土壤图、土地利用现状图、基本农田保护区块图叠加形成评价单元图,确定好评价单元;再根据当地实际,确定不同评价内容的采样点。并根据采样要求,在选定的地点采集土壤样、植株样和水样,同时填写有关表格。此次共采集土壤样本 3515 个,包括 43 个耕层和亚耕层土样。此外还采集了 25 个土壤污染评价土壤样品。

(二) 调查采样的质量控制

样品采集是此次调查最重要的一个环节,它的代表性、典型性、均匀性直接关系到分析数据的准确性、可靠性。在采样过程中,我们组织有经验的专家和技术人员到野外实地抽查 5%~10% 的调查采集样品,对样品布设、采样方法、采样记录、自然景观、农业生产状况一一核对,严格审查,并对照采样点位示意图进行核对复查,对不在该位置的点位,要求说明理由,理由不充分的和不符合采样要求的样点要进行重新采样。

在调查采样过程中我们严把调查采样质量关,着重注意了以下几个环节:

(1) 合理布点　在开展调查之前,准备好点位图,以点位图确定的图斑作为地力评价的评价单元,尽可能在第二次土壤普查时的取样点上布点,注意代表性与均匀性相结合,将污染点和面作为重点调查对象。

(2) 正确采样　室内调查采样点确定之后，在野外根据实际情况，避开道路、复杂地形、土壤类型复杂多变、有人为干扰（如粪堆、坟堆）和社会干扰（井台、渠边、污染地带）等处随机采样。

(3) 四个统一　严格采样标准，按照《规程》的要求，实行了四个统一，统一采用取土工具、统一取样深度、统一采取样点、统一用 GPS 定位。

二、调查项目

（一）基本情况调查项目

(1) 采样地点和地块　地址名称采用民政部门认可的正式名称。地块名称采用当地的通俗名称。

(2) 经纬度和海拔高度　记录手持 GPS 仪上的相关数据。

(3) 地形地貌　以形态特征划分为五大地貌类型，即山地、丘陵、平原、高原及盆地。

(4) 地形部位　指中小地貌单元。主要包括：河漫滩、一级阶地、二级阶地、高阶地、坡地、梁地、山地、沟谷、河槽地等。

(5) 坡度　将调查点位的坡度分为：＜2.00、2.10～5.00、5.10～8.00、8.10～15.00、15.10～25.00、≥25.00 六个等级。

(6) 侵蚀情况　按侵蚀种类和侵蚀程度记载，根据土壤侵蚀类型可划分为水蚀、风蚀、重力侵蚀、混合侵蚀等，按侵蚀程度通常分为无明显、轻度、中度、强度、极强度、剧烈等 6 级。

(7) 潜水埋深　该指标反映地下水埋藏深度，分为三个等级：深位（＞3～5m）、中位（2～＜3m）、浅位（≤3m）。

(8) 家庭人口及耕地面积　指每个农户实有的人口数量和种植耕地面积。

（二）土壤性状调查项目

(1) 土壤名称　统一按第二次土壤普查时的连续命名法记录，详细到土种。

(2) 土壤质地　采用卡庆斯基分类制，分为沙土、轻壤、中壤、重壤、黏土等六级。

(3) 质地构型　指不同土层之间质地构造变化情况。一般可分为通体壤、通体黏、通体沙、黏夹砂、底沙、壤夹黏、沙夹沙、多砾、少砾、夹砾、底砾、少姜、多姜等。

(4) 耕层厚度　用铁锹垂直铲下去，用钢卷尺按实际进行测量确定。

(5) 障碍层次及深度　主要指沙土、黏土、砾石、料姜等所发生的层位、层次及深度。

(6) 土壤母质　按成土类型分为残积物、坡积物、冲积物、洪积物、洪冲积物沟淤等。

(三) 农田设施调查项目

(1) 地面平整度　按调查田块附近大范围地形坡度分为平整、基本平整和不平整三个等级。

(2) 梯田化水平　分为地面平坦、园田化水平高，地面基本平坦、园田化水平较高，高水平梯田，缓坡梯田，新修梯田，坡耕地 6 种类型。

(3) 田间输水方式　包括管道、防渗渠道、土渠。

(4) 灌溉方式　包括漫灌、畦灌、沟灌、滴灌、喷灌等。

(5) 灌溉保证率　分为充分满足、基本满足、一般满足、无灌溉条件 4 种情况或按灌溉保证率（%）记录。

(6) 排涝能力　分为强、中、弱 3 级。

(四) 生产性能与管理情况调查项目

(1) 种植（轮作）制度　分为一年一熟、一年两熟、两年三熟等。

(2) 作物（蔬菜）种类与产量　指调查地块上年度主要种植作物及其平均产量。

(3) 耕翻方式及深度　指翻耕、深松耕、旋耕、耙地、中耕等。

(4) 上年度灌溉情况　包括灌溉方式、灌溉次数、年灌水量、水源类型、灌溉费用等。

(5) 年度施肥情况　包括有机肥、氮肥、磷肥、钾肥、复合（混）肥、微肥、叶面肥、微生物肥及其他肥料施用情况，有机肥要注明类型，化肥需换算为纯养分计。

(6) 上年度生产成本　包括化肥、有机肥、农药、种子（种苗）、人工及其他。

(7) 上年度农药施用情况　包括农药施用次数、品种和数量。

(8) 产品销售及收入情况

(9) 蔬菜效益　指当年纯收益。

(五) 土壤污染情况调查项目

(1) 污染类型　分为有机污染、无机污染、生物污染、放射性污染等。

(2) 污染范围及面积　估算污染影响的面积。

(3) 距污染源距离　指取样地块的中心距污染源的距离。

(4) 污染源企业名称及地址　记述污染源企业的相关信息。

(5) 污染物类别及排放量

(6) 污染造成的危害　主要指污染对农作物造成的直接危害。

(7) 污染造成的经济损失　指由减产、品质下降等造成的年直接经济损失。

三、调查方法与内容质量控制

野外调查采样是此次调查评价的关键，既要考虑采样的代表性、均匀性，也要考虑采样的典型性。根据本县的地貌特征，分别在不同乡镇、不同地力水平的农田按照规程要求均匀布点，并按图标布点实地核查后进行定点采样。在灌溉水质量调查方面，不仅对涉及的灌溉水系、深浅井分别进行采样，而且对有工业污染的水源进行采样；在菜田调查方面，根据老蔬菜区、新菜区及不同施肥、用药的地块，即能代表全县蔬菜菜地质量情况的典型地块分别进行采样；对果园的调查。采取以下主要的技术措施：一是调查采样前，对全县重点土壤全面考察，通过专家研究，确定采样点位；二是根据第二次土壤普查样点布设情况，在原采样点上采样，个别调整；三是采样点确定后，组织专家赴现场进行第二次调查，确定准确位置，然后定点定人采样。整个采样过程严肃、认真，达到了规程要求，保证调查采样质量。

第四节　样品分析及质量控制

耕地质量分析测试是我国耕地地力调查与质量评价工作的重要组成部分，是掌握耕地地力评价和农业环境质量信息，进行农业生产和耕地质量管理的基础，是解决耕地障碍和农业环境质量问题不可或缺的重要手段。耕地质量分析检测是通过对耕地土壤、农用水及农产品等要素中的物质组成、结构、状态和含量进行定量测定，从而获取大量具有时间、空间代表性的完整、精密、准确、可靠、可比的耕地地力质量信息与检测结果，为耕地保护决策提供科学依据，为指导农业生产，提高农产品产量和质量，保障农业生态安全和农产品质量提供技术支撑和检测保障。

一、分析项目及方法

(一) 物理性状

土壤物理性状分析只测定土壤容重，采用环刀法测定。

(二) 化学性状

土壤样品化学性状分析方法具体如表 2-1 所示。

表 2-1　土壤样品化学性状分析项目和方法

分析项目	分析方法
pH	玻璃电极法
有机质	重铬酸钾-硫酸溶液-钼锑抗比色法
有效磷	氟化铵-盐酸提取-钼锑抗比色法
速效钾	乙酸铵提取-火焰光度法
全氮	半微量开氏法
有效性铜、锌、铁、锰	0.1mol/L 盐酸提取-原子吸收光谱法
有效钼	草酸-草酸铵提取-极谱法
水溶性硼	姜黄素比色法
有效硫	磷酸盐-乙酸提取，硫酸钡比浊法
有效硅	柠檬酸浸提-硅钼蓝比色法
交换性钙和镁	乙酸铵-原子吸收光谱法

土壤污染样品分析方法如表 2-2 所示。

表 2-2　土壤污染样品分析项目和方法

分析项目	分析方法	方法来源
pH	玻璃电极法	
铅、镉	原子荧光光度法	GB/T 17141—1997
总汞	原子荧光光度法	GB/T 17136—1997
总砷	原子荧光光度法	GB/T 17134—1997
总铬	分光光度法	GB/T 17137—1997
铅、锌	火焰原子吸收光谱法	GB/T 17138—1997
镍	火焰原子吸收光谱法	GB/T 17139—1997
六六六、滴滴涕	气相色谱法	GB/T 14550—2003

二、分析质量控制

分析测试质量主要包括野外调查取样后样品风干、处理与实验室分析化验质量，其质量的控制是调查评价的关键。

（一）田间调查取样

由省、县（地）技术指导组抽查 5%～10% 的调查采样情况进行审核，对不符合要求，或抽查合格率低于 80% 的样品必须重新采样调查。

（二）实验室基本要求

本次样品分析测试工作由省农垦测试站承担，该站已获得双认证资格。实验室用水，用电热蒸馏或石英蒸馏或离子交换等方法制备，符合 GB/T 6682—2008 的规定。常规检验使用三级水，配制标准溶液用水、制定项目用水符合二级水要求。

（三）基础实验分析质量控制

1. 全程序空白值测定

在每批样品分析中均有空白测定。在整个项目开始前还按要求做了全程序空白测定。全程空白值测定时，每次做 2 个平行样，连测 5 天共得 10 个测定结果，计算批内标准偏差 S_{wb}，按方程（2-1）计算：

$$S_{wb} = \left[\frac{\sum(X_i - \bar{X})^2}{m(n-1)}\right]^{\frac{1}{2}} \tag{2-1}$$

式中　n——每天测定平行样个数；

　　　m——分析测定天数。

2. 检出限控制

根据空白值测定的批内标准偏差（S_{wb}）按下列公式计算检出限（95%的置信水平）。

（1）若试样一次测定值与浓度试样一次测定值有显著性差异时，检出限（L）按公式（2-2）计算：

$$L = 2 \times 2^{\frac{1}{2}} t_f S_{wb} \tag{2-2}$$

式中　t_f——显著水平为 0.05（单侧），自由度为 f 的 t 值；

　　　f——批内自由度，$f=m(n-1)$，m 为重复测定次数，n 为平行测定次数。

（2）原子吸收分析方法的检出限按公式（2-3）计算：

$$L = 3S_{wb} \tag{2-3}$$

（3）分光光度法以扣除空白值后的吸光值为 0.010 相对应的浓度值为检出限。

3. 建立校准曲线

标准系列设置 6 个以上的梯度浓度。根据回归方程（2-4）建立标准曲线：

$$y=a+bx \tag{2-4}$$

式中　y——光度；

　　　x——待测液浓度；

a——截距；

b——斜率。

校准曲线相关系数应力求 $R \geq 0.999$。

校准曲线控制：每批样品皆需做校准曲线。要求校准曲线相关系数 $R \geq 0.999$，保证有良好的重现性。即使校准曲线重现性良好也不得长期使用；待测液浓度过高时不能任意外推；大批量分析时每测 20 个样品也要用一标准液校验，以查仪器灵敏度漂移。

4. 精密度控制

（1）测定率

凡可以进行双样分析的项目，每批样品每个项目分析时做 20%平行样品，5 个样品以下的，应增加到 50%以上。

（2）测定方式

由分析人员自行编入密码平行样。

（3）合格要求

平行双样测定结果的误差在允许误差范围之内者为合格。平行双样测定全部不合格者，重新进行平行双样的测定；平行双样测定合格率<95%时，除对不合格的重新测定外，再增加 10%～20%的测定率，如此累进，直到总合格率为 95%。

5. 准确度控制

（1）使用标准样品或质控样品

例行分析中，每批待测质控平行双样，在测定的精密度合格的前提下，质控样测定值必须落在质控样保证值（在 95%以上置信水平）范围之内，否则本批结果无效，需全部重新分析测定。

（2）加标回收率的测定

选测的项目标准物质或质控样品，用加标回收实验来检查测定准确度。在一批试样中，随机抽取 10%～20%试样进行加标测定。样品数不足 10 个时，适当增加加标比例。每批同类型试样中，加标试样不应小于 1 个。加标量视被测组分的含量而定，含量高的加入被测组分含量的 0.5～1.0 倍，含量低的加 2～3 倍，但加标后被测组分的总量不得超出方法的测定上限。

6. 异常结果的检查与核对

在判断一组数据是否产生异常值时，用数理统计法加以处理观察，采用 Grubb's 法。具体方法如方程（2-5）所示：

$$T_{\text{计}} = \frac{|X_k - X|}{S} \tag{2-5}$$

式中　X_k——怀疑异常值；

　　　X——包括 X_k 在内的一组平均值；

　　　S——包括 X_k 在内的标准差。

根据一组测定结果，从由小到大排列，按上述公式，X_k 可为最大值，也可为最小值。根据计算样本容量 n，查 Grubb's 检验临界值 T_a 表，若 $T_{\text{计}} \geq T_{0.01}$，则 X_k 为异常值；若 $T_{\text{计}} \geq T_{0.01}$，则 X_k 不是异常值。

对异常结果的产生原因要认真分析，严格区分是由分析中某环节污染或损失造成的，还是由环境污染所引起的。若分析中某环节造成污染或损失，一旦查清则重新分析。若经分析无问题，而此时质控样品的准确度和精密度皆符合要求，某点数据偏高，可能是由于环境污染。即使如此，也需作核实复测。超标样品复测时可在下一批样品测定时夹入该平行双样，结果再经异常值判别处理。

7. 核实采样

在环境评价中对土壤、水质如发现严控指标有劣于 3 级的，皆需到该点作核实采样，如有 1 处土壤某严控指标劣于 3 级的，则至少需对 2 处土壤作核实采样。若 2 处（或 2 处以上）核实土壤分析结果皆与原分析结果接近，在统计学上属同一分布样本，则原测定结果不变；若核实土壤分析结果皆低于原测定结果，则表示土壤污染物分布不均匀，按原测定结果和核实土壤测定结果的平均值计算级别。在核实采样测定时只测定某需核实项目，不作全面项目测定。离群值检验用 Grubb's 法，显著性水平 a=0.01。

8. 技术培训与交流

正式开始分析前，对参与工作的化验人员进行了为期一周的培训及演练，促使参与人员能在统一的协作分析中保持一致的进度和技术要求。在分析过程中，根据分析中存在的问题多次组织技术交流，改进工作方法。

（四）数据录入

分析数据由省土壤肥料总站考核审校。将化验室分析数据与采样点一一对应，根据统一规范编码整理、录入。

采取二次录入相互对照的方法，保证录入正确率。

第五节　耕地地力评价依据、方法及评价标准体系的建立

耕地地力评价是一种综合性的多因素评价，它难以用单一因素的方法进行划定，所以就必须选定一种行之有效的方法来对其影响因素进行综合性的分析。目前评价方法很多，所选择的评价指标也不一致。以往评价方法大多人为划分其评价指标的数量级别以及各指标的权重系数，然后利用简单的加法、乘法表进行合成，这些方法简单明确，直观性强，但其正确性在很大程度上取决于评价者的专业水平。近年来，研究者们把模糊数学方法、多元统计方法以及计算机信息处理等方法引入到评价之中，通过对大量信息的处理得出较真实的综合性指标，这在较大程度上避免了评价者自身主观因素的影响。

一、评价依据

(一) 数据录入

1. 立地条件

(1) 成土母质　母质是土壤形成的物质基础，不仅土壤的矿物质起源于母质，土壤有机质中的矿质养分也主要来源于母质。母质是土壤发生演化的起点，在物质生物小循环的推动下，母质的表层逐渐产生肥力，从而转变成为土壤。母质既是成土过程中被改造的"原料"，又深刻地影响成土过程。土壤往往继承了母质的某些性质，"幼年"土壤的继承性尤为明显。乐东县地势北高南低，背山面海，各类地形兼备，有山地、丘陵、丘陵盆地、滨海平原四大类，山地与丘陵占全县总面积的70%，丘陵盆地占18%，滨海平原占12%。土壤成土母质分布中，花岗岩占59.5%，沙质页岩占21.3%，安山岩占1.1%，海底沉积物占14.6%，近代河流冲积物占3.5%。花岗岩在全县各地均有分布，但以三平、大安、志仲等地的面积较大。花岗岩发育而成的土壤，其土层深厚，含沙较多，土壤疏松，含钾丰富，全钾含量为1.5%~5.1%，土壤呈酸性。河页岩主要分布在山荣地区和九所镇与三亚市接壤的一带地区。河流冲积物主要分布在昌化江和望楼河的两岸。滨海沉积物主要分布在佛罗、莺歌海、黄流、冲坡、乐罗、九所等地的沿海一带。浅海沉积物母质发育而成的土壤，土粒均匀，因植被覆盖差，雨水冲刷严重，土壤质地多为沙土，呈酸性至微酸性。滨海阶地的沙滩、沙堤成土母质为滨海沉积物、土壤质地为沙土，养分缺乏。

(2) 土壤侵蚀类型　土壤侵蚀是指在水力、风力、重力和冻融等营力作用下，土壤母质及其他地面组成物质被破坏、剥蚀、转动和沉积的全部过程。我国习惯称

之为水土流失。根据其侵蚀程度，从小到大分成五个等级：无、轻、中、强和极强，进入地力评价系统。

2. 土壤属性

土壤剖面中不同土层间质地构造变化情况，直接反映土壤发育层次及障碍层次，影响根系发育、水肥保持及有效供给，包括有效土层厚度、耕作层厚度、质地构型等三个因素。

（1）有效土层厚度　指土壤层和松散的母质层之和，按其厚度（cm）从高到低依次分为六级（＞150、101～150、76～100、51～75、26～50、≤25），进入地力评价系统。

（2）耕层厚度　按其厚度（cm）从高到低依次分为6级（＞30、26～30、21～25、16～20、11～15、≤10）。

（3）质地构型　主要包括通体型、夹沙、深黏等。

3. 理化性状

（1）全氮　按其含量（%）从高到低分为六级（＞0.2、0.15～0.2、0.1～0.15、0.075～0.1、0.05～0.075、＜0.05），进入地力评价系统。

（2）土壤pH　过大或过小，作物生长发育都受抑。按照乐东县耕地土壤的pH范围，依其测定值分为五级（6.6～7.6、5.6～6.6、4.6～5.6、7.6～8.6、＜4.6或＞8.6），进入地力评价系统。

（3）有机质　土壤有机质含量的高低既反映了土壤的物理状况，又反映了土壤的养分状况，故常被认为是土壤肥力水平的综合评价指标之一，直接影响耕地地力水平。按其含量（%）从高到低分为六级（＞4、3～4、2～3、1～2、0.6～1、＜0.6），进入地力评价系统。

（4）有效磷　按其含量（mg/kg）从高到低分为六级（＞40、20～40、10～20、5～10、3～5、＜3），进入地力评价系统。

（5）速效钾　按其含量（mg/kg）从高到低分为六级（＞200、150～200、100～150、50～100、30～50、＜30），进入地力评价系统。

（6）交换性镁　按其含量（mg/kg）从高到低分为六级（＞300、200～300、100～200、50～100、25～50、＜25），进入地力评价系统。

（7）质地　影响水肥保持及耕作性能。按卡庆斯基制的6级划分体系来描述，分为沙土、沙壤、轻壤、中壤、重壤、黏土。

4. 土壤管理

（1）轮作制度　熟制是我国对耕地利用程度的一种表示方法，它以年为单位表示种植的季数。根据当地的农业耕地利用程度，作物的熟制具体分为一年一熟、一年两熟、一年三熟和多年生作物四种类别，纳入地力评价系统。

（2）排涝能力　排涝能力主要针对降雨后地表的径流能否及时排出，一般可根据当地的暴雨情况提出具体指标。依据排涝情况，可分为强、中、弱，纳入地力评价系统。

5. 剖面构型

（1）耕层厚度　土层厚度一般是指土壤剖面中作物能够利用的、母质层以上的土体总厚度，即真正发生了成土过程的土层厚度。但在农业生产方面，多指有效土层厚度，尤其是耕作层的厚度，即植物根系发育所能伸展的厚度。按其厚度（cm）从高到低依次分为五级（>18、16~18、14~16、12~14、<12），进入地力评价系统。

（2）障碍层状况　障碍土层是指对土地利用具有特殊影响的土层，包括有铁盘、黏盘、沙砾层、石灰结核层等，是植物根系生长和水分渗透的限制层。按障碍层厚度（cm）对地力的影响，从高到低可分为四级（0、60~80、40~60、<40），进入地力评价系统。

（二）大田土壤环境质量评价

1. 单因素评价

根据国家无公害农业基地的标准，选取了影响较大的5种重金属污染元素（As、Pb、Cd、Cr、Hg）作为土壤环境质量评价因子。评价标准采用土壤环境质量国家标准（GB 15168—1995）中的二级标准，评价结果遵循"单因子最大污染"的原则，通过对单因子污染指数和多因子综合污染指数进行综合评判，将污染程度分为清洁（n）、轻度污染（l）、中度污染（m）、重度污染（h）4个等级。

2. 环境综合评价

应用加权平均值法，按照一定权重，以土壤单因素多因子综合污染指数来计算环境综合评价的多要素综合污染指数，将污染程度分为清洁（n）、轻度污染（l）、中度污染（m）、重度污染（h）4个等级。

二、评价方法及流程

本次耕地地力评价将模糊数学方法、多元统计方法以及计算机信息处理等方法引入到评价。通过3S技术建立GIS支持下的耕地基础信息系统，对收集的资料进行系统的分析和研究，并综合应用相关分析、因子分析、模糊评价、层次分析等数学原理，结合专家经验，应用计算机拟合、插值分析等方法。具体评价流程如图2-2

所示。

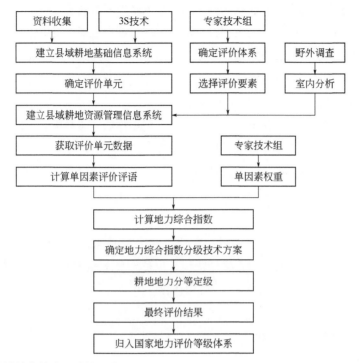

图 2-2　耕地地力综合评价技术流程图

(一) 确定评价单位

根据调查评价的目的，在县域范围内应用 1:5 万的土壤图、基本农田划定图及土地利用现状图三者，先数字化，再在计算机上加复合生成评价单元图斑，然后进行综合取舍，形成评价单元进行叠加。产生的图斑作为耕地地力等级评价底图，底图的每一个图斑即为一个评价单元。

(二) 评价因素的选择

根据本次全国耕地地力调查技术规程，用主成分分析法或应用专家经验法对评价因素进行筛选，确定了一套较系统的评价指标体系。采用穷举法给出了与耕地地力有关的 55 个评价因素，整理和综合归纳出五类 24 个评价因素，作为全国层次上的评价指标体系。

在全国评价指标体系的基础上，经专家技术组讨论，确立了海南省的评价指标体系。而试点县乐东县则进一步确定为以四大类 12 个指标作为评价因素。

(三) 单元素评估及其隶属关系——模糊评价方法

模糊数学提出模糊子集、隶属函数和隶属度的概念。任何一个模糊性的概念就是一个模糊子集。在一个模糊子集中取值范围在 0~1 之间,隶属度是在模糊子集概念中的隶属程度,即作用大小的反映,一般用隶属度值来表示。隶属函数是解释模糊子集与隶属度之间的函数关系。

根据模糊数学的理论,主要有如下几种隶属函数:

1. 戒上型函数模型

$$y_i = \begin{cases} 0, & u_i \leqslant u_t \\ \dfrac{1}{1+a_i(u_i-c_i)^2}, & u_t < u_i < c_i, \quad i=1,2,\cdots,m \\ 1, & u_i \leqslant c_i \end{cases} \quad (2\text{-}6)$$

式中　y_i——第 i 因素评语;

u_i——样品观测值;

c_i——标准指标;

a_i——系数;

u_t——指标下限值。

2. 戒下型函数模型

$$y_i = \begin{cases} 0, & u_t \leqslant u_i \\ \dfrac{1}{1+a_i(u_i-c_i)^2}, & c_i < u_i < u_t, \quad i=1,2,\cdots,m \\ 1, & u_i \leqslant c_i \end{cases} \quad (2\text{-}7)$$

式中　y_i——第 i 因素评语;

u_i——样品观测值;

c_i——标准指标;

a_i——系数;

u_t——指标上限值。

3. 峰型函数模型

$$y_i = \begin{cases} 0, & u_i > u_{t_1} \text{ 或 } u_i < u_{t_2} \\ \dfrac{1}{1+a_i(u_i-c_i)^2}, & u_{t_1} < u_i < u_{t_2}, \quad i=1,2,\cdots,m \\ 1, & u_i \leqslant c_i \end{cases} \quad (2\text{-}8)$$

式中　u_{t_1}——指标上限值;

u_{t_2}——指标下限值。

4. 概念型函数模型（散点型）

这类指标与耕地生产能力之间是一种非线性的关系，如地貌类型、土壤剖面构型、质地等。这类要素的评价采用特尔菲法直接给出隶属度。

（四）单因素权重的确定——层次分析法

单因素权重应用层次分析法来确定。层次分析法就是把复杂的问题按照它们之间的隶属关系排成一定的层次，再对每一层次进行相对重要性比较，最后得出它们之间的一种关系，从而确定它们各自的权重。

在确定权重时，首先要建立层次结构，对所分析的问题进行层层解剖，根据它们之间的所属关系，建立一种多层次的架构，利于问题的分析和研究。

其次是构造判断矩阵，用三层结构来分析，即目标层（A层）、准则层（B层）和指标层（C层）。对于目标层A，要对准则层B中的各因素进行相对重要判断，可参照相关分析以及因子分析的结果，请专家或有实践经验的"土专家"分别给予判断和评估，从而得到准则层B对于目标层A的判断矩阵。同理亦可得到指标层C相对于各准则层B的判断矩阵。

再次是权重值的计算。

1. 求算最大特征根与特征向量

当 P 的阶数大时，可按方程（2-9）近似地求出特征向量：

$$W_i = \frac{\sum_j P_{ij}}{\sum_{i,j} P_{ij}} \tag{2-9}$$

式中　P_{ij}——矩阵 P 第 i 行第 j 列的元素。

即先对矩阵进行正规化，再将正规化后的矩阵按行相加，再将向量正规化，即可求得特征向量 W_i 的值。而最大特征根可用方程（2-10）求算：

$$\lambda_{\max} = \frac{1}{n} \sum_{i=1}^{n} \frac{(PW)_i}{W_i} \tag{2-10}$$

式中　W_i——W 的第 i 个向量。

2. 一致性检验

根据公式（2-11）和（2-12）求算一致性指标：

$$CI = \frac{\lambda_{\max} - n}{n-1} \tag{2-11}$$

$$CR = \frac{CI}{RI} \tag{2-12}$$

式中　CI——一致性指标；

　　RI——平均随机一致性指标（可通过查表求得）。

若 $CR<0.1$，则说明该判断矩阵具有满意的一致性，否则应作进一步的调整。

3. 层次总排序一致性检验

根据以上求得各层次间的特征向量值（权重），求算总的 CI 值，再对 CR 作出判断。

最后计算组合权重，由指标层 C 与准则层 B 相对应的权重值相乘求得各评价因素的组合权重，即为评价指标的实际权重。

（五）综合性指数计算

根据加乘法则，对于相互交叉的同类，采用加法模型进行综合性指数计算。

（六）确定综合指数分级方案，划分评价等级

根据综合指数的变化规律，采用等矩法确定分级方案，最后由分级方案划分各评价单元的等级结果。

三、评价标准体系的建立

（一）评价指标体系的确立

在选择要素时遵循如下原则：选取的因子对耕地生产力有较大的影响；选取的因子在评价区域内应有较大的变异，便于划分耕地地力的等级；选择的评价因子在时间序列上具有相对的稳定性；与当前生产密切相关的因素；评价因素必须有很好的操作和实际意义。

基于以上原则，在全国行业标准的基础上，经过咨询中国科学院、中国农科院以及我国主要农业大学的专家，并经过在试行省的反馈，最终提出 55 个评价因子，并将该 55 个评价因子归纳为立地条件、理化性状、养分状况、土壤管理、气候条件、障碍因素、剖面构型等七大类，并统一进行了量纳和范围描述，作为全国统一的评价因素库。

（二）乐东县耕地地力评价指标体系

乐东县耕地地力评价指标体系以全国评价指标体系作为依据，经过海南省专家技术组的研究和讨论，确定由立地条件、土壤理化性状、土壤管理和剖面构型等 4 个指标组成。具体指标如表 2-3 所示，土壤养分含量的分级标准如表 2-4 所示。

表 2-3 乐东县耕地地力评价指标体系

A 层	B 层	C 层
耕层地力	立地条件	成土母质
		土壤侵蚀类型
	土壤理化性状	全氮
		pH 值
		有机质
		有效磷
		速效钾
		交换性镁
	土壤管理	轮作制度
		排涝能力
		设施构型
	剖面构型	剖面构型
		耕层厚度
		障碍层状况

表 2-4 乐东县土壤养分含量分级标准

级别	有机质 /(g/kg)	全钾 /(g/kg)	全氮 /(g/kg)	全钾 /(g/kg)	碱解氮 /(mg/kg)	有效磷 /(mg/kg)	速效钾 /(mg/kg)
一级	>40	>2.0	>2.2	>25	>150	>40	>200
二级	30~40	1.5~2.0	1.8~2.2	18.1~25	121~150	21~40	151~200
三级	20~30	1.0~1.5	1.4~1.8	12.1~18	91~120	11~20	101~150
四级	10~20	0.76~1.0	0.9~1.4	9.1~12	61~90	6~10	50~100
五级	6~10	0.51~0.75	0.41~0.9	6.1~9.0	31~60	4~5	31~50
六级	≤6	≤0.5	≤0.04	≤6	≤30	≤3	≤30

(三) 耕地环境质量评价标准体系建立

1. 环境质量标准值

土壤单要素评价采用我国绿色食品产地环境质量 (NY/T 391－2013) 作为Ⅰ级评价的标准值；采用无公害农产品种植业产地环境条件 (NY/T 5010－2016) 作为Ⅱ级评价的标准值，如表 2-5 所示。

表 2-5　耕地土壤环境质量评价标准　　　　　　　　　　　　　　　　　单位：mg/kg

等级			pH < 6.5	pH6.5～7.5	pH > 7.5
I级	绿色食品	镉	≤0.3	≤0.3	≤0.4
		汞	≤0.25	≤0.3	≤0.35
		砷	≤25	≤20	≤20
		铜	≤50	≤60	≤60
		铅	≤50	≤50	≤50
		铬	≤120	≤120	≤120
		锌	≤100	≤120	≤120
		六六六	≤0.1	≤0.1	≤0.1
		滴滴涕	≤0.1	≤0.1	≤0.1
II级	无公害农产品生产	镉	≤0.3	≤0.3	≤0.6
		汞	≤0.3	≤0.5	≤1.0
		砷	≤40	≤30	≤25
		铜	≤50	≤100	≤100
		铅	≤100	≤150	≤150
		铬	≤150	≤200	≤250
		锌	≤200	≤250	≤300
		镍	≤40	≤50	≤60
		六六六	≤0.5	≤0.5	≤0.5
		滴滴涕	≤0.5	≤0.5	≤0.5
III级	不合格	镉	>0.3	>0.3	>0.6
		汞	>0.3	>0.5	>1.0
		砷	>40	>30	>25
		铜	>50	>100	>100
		铅	>100	>150	>150
		铬	>150	>200	>250
		锌	>200	>250	>300
		镍	>40	>50	>60
		六六六	>0.5	>0.5	>0.5
		滴滴涕	>0.5	>0.5	>0.5

2. 单因子污染程度分级标准

单因子污染程度分级按单因子评级式计算的 P_i 值大小划分为 4 级：

非污染（n）：污染物 i 的实测值 $C_i < S_i$，$P_i < 1$；

轻度污染（l）：$S_i < C_i \leq 2S_i$，$1 \leq P_i < 2$；

中度污染（m）：$2S_i < C_i \leq 3S_i$，$2 \leq P_i < 3$；

重度污染（h）：$C_i \geq 3S_i$，$P_i \geq 3$；

3. 单要素多因子污染程度分级标准

多因子污染程度分级按内梅罗法计算的 P 值大小划分为 5 级：

安全（s）：$P \leq 0.7$；

警戒限（c）：$0.7 < P \leq 1.0$；

轻污染（l）：$1.0 < P \leq 2.0$；

中污染（m）：$2.0 < P \leq 3.0$；

重污染（n）：$P > 3.0$。

4. 环境综合评价分级标准

按加权平均值法计算的 P 值大小划分为 5 级，同单因素多因子污染程度分级标准。

第六节　耕地资源管理信息系统的建立及应用

地理信息系统（geographic information system 或 geo-information system，简称 GIS）是 20 世纪 60 年代开始发展起来的新兴技术，是在计算机软、硬件支持下，把各种地理信息按空间分布或地理坐标存储，并可查询、检索、显示和综合分析应用的技术系统。目前 GIS 应用系统的开发有 3 种实现方式，一是独立开发，二是单纯二次开发，三是集成开发。而采用组件化 GIS 技术，利用 Visual Basic 语言对 Mapobjects 进行集成二次开发，可以把 GIS 的功能适当抽象化，能缩短系统开发的周期，并有利于系统开发人员开发出符合用户需求、界面友好、功能强大的系统。乐东县耕地质量信息管理系统将采用扬州市土肥站开发的耕地质量管理信息系统。

一、耕地资源管理信息系统（CLRMIS）的总体设计

（一）总体目标

耕地资源信息系统以一个县行政区域内耕地资源为管理对象，应用 GIS 技术，对辖区内的地形、地貌、土壤、土地利用、农田水利、土壤污染、农业生产基本情

况、基本农田保护区等资料进行统一管理，构建耕地资源基础信息系统，并将此数据平台与各类管理模型结合，对辖区内的耕地资源进行系统的动态管理，为农业决策者、农民和农业技术人员提供耕地质量动态变化、土壤适宜性、施肥咨询、作物营养诊断等多方位的信息服务。

本系统行政单位为村，农田单元为基本农田保护块，土壤单元为土种，系统基本管理单元为土壤、基本农田保护块、土地利用现状叠加所形成的评价单元。

(二) 县域耕地资源信息系统建立工作流程

县域耕地资源管理信息系统建立的工作流程如图2-3所示。

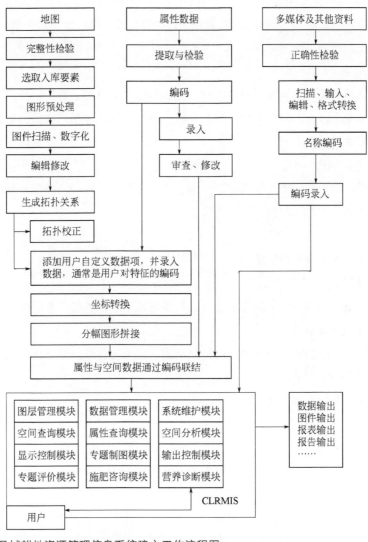

图2-3 县域耕地资源管理信息系统建立工作流程图

(三) CLRMIS 的软、硬件配置要求

1. 硬件

P3/P4 及其兼容机，≥128MRAM，≥20GHD，≥32M 显存，A4 扫描仪，彩色喷墨打印机。

2. 软件

Windows98/2000/XP，Excel2000/2003/XP 等。

二、资料收集与整理

(一) 图件资料收集与整理

图件资料指印刷和各类地图、专题图、卫星照片以及商品数字化矢量和栅格图。所有图件比例尺为 1∶5 万。

1. 地形图

统一采用中国人民解放军总参谋部测绘局测绘的地形图。近年来公路、水系、地形地貌等变化较大，因此采用水利、公路、规划、国土等部门有关的最新图件资料对地形图进行修正。

2. 行政区划图

由于近年撤乡并镇等工作致使部分地区行政区划变化较大，按最新行政区划进行修正，同时注意名称、拼音、编码等的一致。

3. 土壤图及土壤养分图

采用第二次土壤普查成果图。

4. 基本农田保护区现状图

采用国土资源局（以下简称国土局）最新划定的基本农田保护区图。

5. 地貌类型分区图

根据地貌类型将辖区内农田分区，采用第二次土壤普查分类系统绘制成图。

6. 土地利用现状图

现有的土地利用现状图。

7. 主要污染源点位图

调查本地可能对水体、大气、土壤形成污染的矿区、工厂等，并确定污染类型及污染强度，在地形图上准确标明位置及编号。

8. 土壤肥力监测点点位图

在地形图上标明准确位置及编号。

9. 土壤普查土壤采样点点位图

在地形图上标明准确位置及编号。

(二) 数据资料收集与整理

数据资料主要包括：基本农田保护区一级、二级地块登记表，国土局基本农田划定资料；其他有关基本农田保护区划定统计资料，国土局基本农田划定资料；近几年粮食单产、总产、种植面积统计资料（以村为单位）；其他农村及农业生产基本情况资料；历年土壤肥力监测点田间记载及化验结果资料；历年肥情点资料；县、乡、村名编码表；近几年土壤、植株化验资料（土壤普查、肥力普查表）；近几年主要粮食作物、主要品种产量构成资料；各乡历年化肥销售、使用情况；土壤志、土种志；特色农产品分布、数量资料；主要污染源调查统计表（地点、污染类型、方式、强度等）；当地农作物品种及特性资料，包括各个品种的全生育期、大田生产潜力、最佳播期、移栽期、播种量、栽插密度、百斤籽粒需氮量、需磷量、需钾量等，及品种特性介绍；一元、二元、三元肥料肥效试验资料，计算不同地区、不同土壤、不同作物品种的肥料效应函数；不同土壤、不同作物基础地力产量占常规产量比例资料。

(三) 文本资料收集与整理

文本资料主要为全县及各乡（镇）基本情况描述和各土种的性状描述，包括各土种发生、发育、分布、生产性能、障碍因素等。

(四) 多媒体资料收集与整理

多媒体资料主要为图片和媒体资料，包括：土壤典型剖面照片；土壤肥力监测点景观照片；当地典型景观照片；特色农产品介绍（文字、图片）；地方介绍资料（图片、录像、文字、音乐）。

三、属性数据库的设计与录入

信息系统有大量的信息，包括各种各样的属性数据，这些数据必须有机地进行归纳整理，并进行分类处理。数据通过分类整理后，必须按编码的方式进行有机的系统化，以利于计算机的处理、查询等，而数据可建立数据字典，由数据字典来统一规范数据，为数据的查询提供接口。

(一) 属性数据的内容

根据乐东县耕地质量评价的需要，确定建立属性数据库的内容，其内容来源如表 2-6 所示。

表 2-6　属性数据库内容及来源

编号	内容名称	来源
1	主要河流、水库基本情况统计表	水利局
2	县、乡、村行政编码表	民政局
3	交通道路属性数据表	交通局
4	土壤名称编码表	土壤普查资料
5	土种属性数据表	土壤普查资料
6	县、乡、村农村基本情况统计表	农林局
7	土地利用现状属性数据表	国土局
8	土壤样品分析化验结果数据表	野外调查采样分析
9	耕地及蔬菜地灌水、回水分析结果数据表	野外调查采样分析
10	农田污染源样品分析化验结果数据表	野外调查采样分析
11	土壤肥力监测点基本情况统计表	土肥站

（二）属性数据分类与编码

数据的分类编码是对数据资料进行有效管理的重要依据。编码的主要目的是节省计算机内存空间，便于用户理解使用。地理属性进入数据库之前进行编码是必要的，只有进行了正确编码的空间数据库，与属性数据库才能实现正确连接。编码格式有英文字母组合与数字组合，本系统采用数字表示的层次型分类编码体系，它能反映专题要素分类体系的基本特征。

（三）建立数据编码字典

数据字典是数据应用设计的重要内容，是描述数据库中各类数据及其组合的数据集合，也称元数据。地理数据库的数据字典主要用于描述属性数据，它本身是一个特殊用途的文件，在数据库整个生命周期里都起着重要的作用。它能避免重复数据项的出现，并提供了查询数据的唯一入口。

（四）数据表结构设计

属性数据库的建立与录入可独立于空间数据库和 GIS 库，根据表的内容设计各表字段数量、类型、长度等，可以在 access、dbase、foxpro 下建立，最终统一以 dbase 的 dbf 格式保存入库。下面以 dbase 的 dbf 数据库为例进行描述，如表 2-7 至表 2-16 所示。

表 2-7　湖泊、面状河流属性数据库 lake.dbf

字段名	属性	数据类型	宽度	小数位	量纲
Lacode	水系代码	N	4	0	代码
Laname	水系名称	C	20		
Lacontent	湖泊贮水量	N	8	0	万 m^3
laflux	河流流量	N	6		m^3/s

表 2-8　堤坝、渠道、线状河流属性数据库 stream.dbf

字段名	属性	数据类型	宽度	小数位	量纲
ricode	水系代码	N	4	0	代码
riname	水系名称	C	20		
riflux	河流、渠道流量	N	6		m^3/s

表 2-9　交通道路属性数据库 traffic.dbf

字段名	属性	数据类型	宽度	小数位	量纲
rocode	道路编码	N	4	0	代码
roname	道路名称	C	20		
rograde	道路等级	C	1		
rotype	道路类型	C	1		（黑色/水泥/石子/土）

表 2-10　行政界线属性数据库 boundary.dbf

字段名	属性	数据类型	宽度	小数位	量纲
adcode	界线编码	N	1	0	代码
adname	界线名称	C	4		

注：行政界线包括国界、省界、市界、县界、乡界、村界。

表 2-11　土地利用现状属性数据库 landuse.dbf

字段名	属性	数据类型	宽度	小数位	量纲
lucode	利用方式编码	N	2	0	代码
luname	利用方式名称	C	10		

注：此表来源于土地利用现状分类表。

表 2-12　土种属性数据表 soil.dbf

字段名	属性	数据类型	宽度	小数位	量纲
sgcode	土种代码	N	4	0	代码
stname	土类名称	C	10		
ssname	亚类名称	C	20		
skname	土属名称	C	20		
sgname	土种名称	C	20		
pamaterial	成土母质	C	20		
profile	剖面构型	C	50		
土种典型剖面有关属性数据					
text	剖面照片文件名	C	40		
picture	图片文件名	C	50		
html	HTML 文件名	C	50		
video	录像文件名	C	40		

注：土壤系统分类表；本部分由一系列的数据库组成，视实际情况不同有所差异，如在盐碱土地区还应包括盐分含量及离子组成等。

表 2-13　土壤养分（pH、有机质、氮等）属性数据库 nutrient.dbf

字段名	属性	数据类型	宽度	小数位	量纲
pH 值库 nutrpH.dbf					
code	分级编码	N	4	0	代码
number	pH	N	4	1	
有机质库 nutrom.dbf					
code	分级编码	N	4	0	代码
number	有机质含量	N	5	2	g/kg
全氮量库 nutrN.dbf					
code	分级编码	N	4	0	代码
number	全氮含量	N	5	3	g/kg
速效养分库 nutrP.dbf					
code	分级编码	N	4	0	代码
number	速效养分含量	N	5	3	mg/kg

表 2-14 基本农田保护块属性数据库 farmland.dbf

字段名	属性	数据类型	宽度	小数位	量纲
plcode	保护块编码	N	7	0	代码
plarea	保护块面积	N	4	0	hm^2
cuarea	耕地面积	N	6		hm^2
eastto	东至	C	20	0	
westto	西至	C	20		
southto	南至	C	20		
northto	北至	C	20		
plperson	保护责任人	C	6		
plgrad	保护级别	N	1		

表 2-15 地貌、气候属性数据库 landform.dbf

字段名	属性	数据类型	宽度	小数位	量纲
landcode	地貌类型编码	N	2	0	代码
landname	地貌类型名称	C	10		
rain	降雨量	C	6		

表 2-16 县、乡、村名编码数据库

字段名	属性	数据类型	宽度	小数位	量纲
vicodec	单位编码（县内）	N	5	0	代码
vicoden	单位编码（统一）	N	11		
viname	单位名称	C	20		
vinamee	名称拼音	C	30		

（五）数据录入与审核

数据录入前应仔细审核，数值型资料应注意量纲、上下限，地名应该注意汉字、多音字、繁简体、简全称等问题，审核定稿后再录入。录入后还应仔细检查，有条件的可采取二次录入相互对照的方法，保证数据录入无误后，将数据库转为规定的格式（dbf 格式文件），再根据数据字典中的文件名编码命名后保持在规定的子目录下。

（六）其他资料的输入及处理

除一般的数据信息外，还有很多其他类型的数据信息，如文本说明、声音、图像、影像以及多媒体文本等。这些信息可通过各种工具软件进行适当的加工处理，以各自不同的形式保存在系统中。文本资料可以 txt 格式保存，声音可用 wav、midi 格式，其他多媒体产品可用常用多媒体格式保存。这些文件分别保存在相应的目录下，其相对路径和文件名录下相应的属性数据库中。

四、空间数据库的设计与录入

地理信息系统（GIS）软件如 ArcInfo、MapHInfo 等是建立空间数据的基础。空间数据需要通过图件来获取，对于收集到的图形图件必须进行处理。图件预处理是为简化数字化工作而按一定工作设计要求进行图层要素整理与筛选的过程，这里包括对图件的筛选、整理、命名、编码等。经过筛选、整理的图件，通过数字化仪、扫描仪等设备进行数字化，并建立相应的图层（如点图层、线图层、面图层即多边形图层等），再进行图件的编辑、坐标系转换、图幅拼接、地理统计、空间分析等处理。

（一）空间数据的内容

乐东县耕地质量评价地理信息系统的空间数据库的内容由多个图层组成，它包括地名、道路、水系等背景图层、评价单元图层和各评价因子如坡度图、坡向图、养分图等图层，具体内容及资料来源如表 2-17 所示。

表 2-17 空间数据库内容及资料来源

编号	名称	来源
1	主要河流、湖泊基本情况统计表	水利局
2	灌溉渠道基本情况统计表	水利局
3	公路网基本情况统计表	交通局
4	县、乡、村农业基本情况统计表	农林局
5	县、乡、村农业基本情况统计表	农林局
6	土地利用现状分类统计表	国土局、卫片解译
7	各土种典型剖面理化性状统计表	土壤普查资料
8	土壤农化数据表	肥力普查资料
9	土壤分类系统表	土壤普查资料
10	基本农田保护块登记表	国土局
11	基本农田保护区基本情况统计表（村）	国土局
12	地貌类型属性表	土壤普查资料
13	农田水利综合分区统计表	水利局
14	农田主要污染源统计表	环保局、农环站
15	土壤肥力监测点基本情况统计表	土肥站
16	县、乡、村行政编码表	民政局

(二)空间数据采集的流程

在耕地资源数据库建设中,数据采集的精度直接关系到现状数据库本身的精度和今后的应用,数据采集的工艺流程是关系到土地利用现状数据库质量的重要基础工作。因此,对数据的采集制定了一个详尽的工艺流程。首先,对收集的资料进行分类检查、整理与预处理;其次,按照图件资料介质的类型进行扫描,并对扫描图件进行扫描校正;再次,进行数据的分层矢量化采集、矢量化数据的检查;最后,对矢量化数据进行坐标投影转换与数据拼接工作以及数据、图形的综合检查和数据的分层与格式转换。具体数据采集的流程如图 2-4 所示。

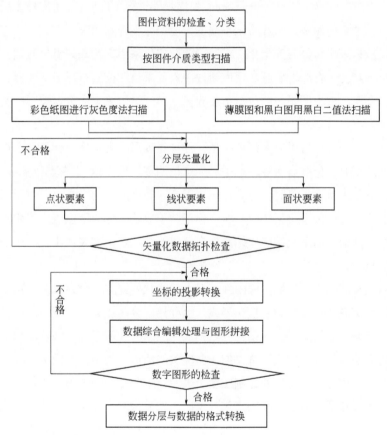

图 2-4 数据采集的流程

(三)基本图层的制作

基本图层包括行政区所在地图层、水系图层、道路图层、行政界线图层、等高图层、文字注记图层、土地利用图层、土壤类型图层、基本农田保护块图层、野外采样点图层等等，数据来源有收集图纸图件、电子版的矢量数据及 GIS 野外测量数据（如采样点位置），根据不同形式的数据内容分别进行处理，最终形成统一坐标、统一为 shapefile 格式的图层文件。

1. 图件数字化

（1）图件的扫描　收集的图件资料若为纸介质的图件资料，要采用灰度法进行扫描。扫描的精度为 300dpi。扫描完成后将文件保存为*.tif 格式。在扫描过程中，为了能够保证扫描图件的清晰度和精度，对图件先进行预扫描。在预扫描过程中，检查扫描图件的清晰度，其清晰度必须能够区分图内的各要素，然后利用 Lontex Fss8300 扫描仪自带的 CAD image/scan 扫描软件进行角度校正，角度校正后必须保证图幅下方两个内图廓的边线与水平线的角度误差小于 0.2°。

（2）数据采集与分层矢量化　对图形的数字化采用交互式矢量化方法，确保图形矢量化的精度。在耕地资源数据库建设中需要采集的要素有：点状要素、线状要素和面状要素。由于所采集的数据种类较多，必须对所采集的数据按不同类型进行分层采集。

点状要素的采集可以分为两种类型，一种是零星地类，另一种是注记点。零星地类包括一些有点位的点状零星地类和无点位的零星地类。对于有点位的零星地类，在数据的分层矢量化采集时，将点标记置于点状要素的几何中心点。对于无点位的零星地类，在分层矢量化采集时，将点标记置于原始图件的定位点。农化点位、污染源点位等注记点的采集按照原始图件资料中的注记点，在矢量化过程中一一标注在相应的位置。

线状要素的采集。耕地资源图件资料上的线状要素主要分为水系、道路、线状地物界、地类界、行政界线、权属界线、土种界、等高线等。对于不同类型的线状要素，进行分层采集。线状地物主要是指道路、水系、河渠等。线状地物数据采集时考虑到有些线状地物宽度较宽，如一些较大的河流、沟渠，地图上可以按照图件资料中一定宽度与实际宽度的比例在图上表示；有些线状地物，如一些道路和水系，由于宽度不能在图上表示，在采集其数据时，按栅格图上线状地物的中轴线来确定其在图上的实际位置。对地类界、行政界、土种界和等高线数据的采集，保证其封闭性和连续性。线状要素按照其种类，分层采集、分层保存，以备数据分析时进行利用。

面状要素要在线状要素采集后，通过建立拓扑关系形成区后进行。由于面状要素是由行政界线、权属界线、地类界线和一些带有宽度的线状地物界等结状要素所形成一系列的闭合性区域，其主要包括行政区、权属区、土壤类型区等图斑。所以对于不同的面状要素，应采用不同的图层对其进行数据采集。考虑到实际情况，将面状要素分为行政区层、地类层、土壤层等图斑层。将分层采集的数据分层保存。

(3) 矢量化数据的拓扑检查　由于在矢量化过程中不可避免地存在一些问题，在完成图形数据的分层矢量化以后，在进行下一步工作前，必须对分层矢量化以后的数据进行矢量化数据的拓扑检查。

在线状要素的采集过程中，为了保证线段完全闭合，某些线段可能出现相互交叉的情况，这些均属于悬挂线段。在进行悬挂线段的检查时，首先使用 MapGis 的线文件拓扑检查功能，自动对其进行检查和消除，不能够自动消除的，则对照原始图件资料进行手工修正。对线状要素进行矢量化数据检查完成以后，随即由作图员对所矢量化的数据与原始图件资料对比进行检查，如果在检查过程中发现有一些通过拓扑检查所不能够解决的问题、矢量化数据的精度不符合精度要求，或者是某些线状要素存在着一定的位移而难以校正，则对其中的线状要素进行重新矢量化。

图斑和行政区是反映一个地区耕地资源状况的重要属性。在对图件资料中的面状要素进行数据的分层矢量化采集中，由于图件资料中所涉及的图斑较多，在数据的矢量化采集过程中，有可能存在着一些图斑或行政界不闭合的情况，利用 MapGis 的区文件拓扑检查功能，对在面状要素分层矢量化采集过程中所保存的一系列区文件进行矢量化数据的拓扑检查。大多数区文件不闭合的情况可以自动消除，对于不能够自动消除的，通过与原始图件的相互检查，消除其不闭合情况。如果通过对矢量化以后的区文件的拓扑检查，可以消除在矢量化过程中所出现的上述问题，则进行下一步工作，如果在拓扑检查以后还存在一些问题，则对其进行重新矢量化，以确保系统建设的精度。

(4) 图件拼接　乐东县耕地土壤图就是用第二次土壤普查时完成的 1∶5 万土壤图通过扫描数字化而成的。乐东县提供的 1∶5 万土壤图是采用标准分幅图，在数字化后再进行坐标转换、编辑修改，最后对图幅进行拼接。在图斑拼接检查过程中，相邻图幅间的同名要素误差应小于 1mm，这时移动任何一个要素进行拼接，同名要素间距在 1～3mm 之间的处理方法是将两个要素各移动一半，在中间部位结合，这样使图幅拼接完全满足了精度要求。

2. 电子版矢量数据的格式转换

乐东县土地利用现状图是在 MapGIS 下制作的电子版数据，必须将其转换为 shapefile 格式才能为耕地资源信息管理系统调用。MapGIS 下制作的土地利用现状图包括点（地名等注记）、线（道路、水系、界线）、面（利用现状、基本农田保护块）三个图层。在转换前先进行数据分析，弄清由哪些属性值来表达不同的类型，然后利用 MapGIS 的文件转换功能将点、线、面文件转换为 coverage 文件，再利用 ARCINFO 软件进行处理，最后生成 shaplefile 格式文件。

3. GPS 采集的数据转换

野外采样点的位置通过 GPS 进行实地测定，将每次测定的数据保存下来，然后将这些数据传至电脑并按转换的格式要求保存为文本文件，利用 Arc/Info 软件的转换命令将其转换为 coverage 和 shapefile 格式文件。

4. 坐标转换

地理数据库内的所有地理数据必须建立在相同的坐标系基础上，把地球真实投影转换到平面坐标系上才能通过地图来表达地理位置信息。乐东县 1:5 万的地形图采用高斯-克吕格投影的参数进行投影转换成平面直角坐标坐标系，单位为 m。

(四) 评价因子图层制作

1. 坡度坡向图

坡度坡向图由等高线图生成。将等高线图层转换成带高程属性的 Grid 图层，利用空间分析模块生成坡度图和坡向图，并将其转换为栅格格式。

2. 养分图

养分图包括 pH、有机质、全氮、有效磷、速效钾等要素。利用地理统计分析模块，通过空间插值方法分别生成四个养分图层。

(五) 评价单元图制作

由土壤图、土地利用现状图和农田保护块图叠加生成，并对每一个多边形单元进行编号，然后将 12 个评价指标字段名添加到评价单元图数据库中。

五、数据的连接

(一) 空间数据与属性数据的连接

ArcInfo 系统采用不同的数据模型分别对属性数据和空间数据进行存储管理，属性数据采用关系模型，空间数据采用网状模型。在图幅工作单元 coverage 中，每个图形单元由一个标识码来唯一确定。同时，一个 coverage 可以若干个关系数据库文件即要素属性表，用以完成对 coverage 的地理要素的属性描述。图形单元标识码是要素属性表中的一个关键字段，空间数据与属性数据以此字段形成关联，完成对地图的模拟。这种关联使 AcrInfo 的两种数据模型联成一体，可以方便地从空间数据中检索属性数据或者从属性数据中检索空间数据。

在进行空间数据和属性数据连接时，在 ArcMap 环境下分别调入图层数据表和属性数据表，利用关键字段将属性数据表链接到空间图层的属性表中，将属性数据表中的数据内容赋予到图层数据表中。

（二）空间数据的连接

利用空间分析模块中的相应功能，将养分图、坡度坡向图的数据赋予评价单元图中的每一个评价单元。

六、耕地地力评价

通过以上评价单元图层的制作和数据处理，对每一个评价单元进行质量评价。可以采用扬州市土肥站开发的耕地质量信息管理系统软件或利用 ArcMap 软件功能进行评价。

（一）利用开发管理系统软件进行评价

在耕地质量信息管理系统中创建新的图集，添加评价单元图，调用专题评价模块进行评价。首先进行层次分析模型编辑，创建层次分析模型名称，综合评语计算方法采用累加法，按照提示输入专家打分值，生成各个指标的权重值；其次进行隶属函数模型编辑，根据各个指标值及其使用条件编辑隶属函数，编辑完成 12 个评价指标相对应的隶属函数；最后进行耕地生产潜力评价，选择上面编辑的层次分析模型和隶属函数模型，输入新的文件名，即可生成评价登记图层。

（二）利用 ArcMap 软件功能进行评价

1. 确定各单元评价指标的隶属度值

将评价单元图属性表的 12 个评价指标字段名后各添加一个放置其隶属度值的字段名，根据各个指标值及其隶属函数给其后添加的隶属度值字段赋予隶属度值。

2. 确定各评价指标的权重值

根据专家打分和层次分析方法确定 12 个评价指标权重值。

3. 评价模型方程

$$P = \sum_{i=1}^{n} J_i G_i \quad (2\text{-}13)$$

式中　P——评价单元评价值；

　　　J_i——指标 i 的隶属度值；

　　　G_i——指标 i 的权重值，$n=12$。

4. 耕地地力评价结果

利用上述模型进行单元综合评价，将评价结果采用累积曲线分段法分成五等，利用评价结果形成乐东县耕地地力评价等级图。

第七节　划分中低产田类型

中低产田存在着各种制约农业生产的土壤障碍因素，产量相对低而不稳。根据土壤主导障碍及改良主攻方向，乐东县中低产田分为坡地梯改型、瘠薄培肥型、渍涝潜育型、干旱灌溉型（含培肥型）四种类型。

一、坡地梯改型

坡地梯改型是指通过修筑梯田梯埂等田间水保工程加以改良治理的坡耕地。坡地梯改型耕地主要障碍因子是坡度较大，地面倾斜，因此而诱发水土流失，以及土壤质地粗糙、干旱瘠薄等多种并发症。

坡地梯改型耕地地处海拔 200m 左右的中低山、丘陵地带。由于坡度较大，容易水土流失。光山秃岭、沟壑纵横、地面支离破碎为其典型景观。造成侵蚀的主要原因，一是地形。这一地区仍有较多的坡耕地，严重的土壤侵蚀多发生在坡耕地上。由于侵蚀造成耕地面积减少，耕地生产能力下降，熟化层和耕层被不断剥蚀，降低了土壤的渗透性和蓄水性，加剧了土壤的干旱程度。二是气候。集中的降雨和暴雨的频繁发生，加剧了土壤侵蚀。由于这一地区没有良好的生态环境，草难生存，树难存活，降雨量少而且雨量集中，春季干旱少雨，夏秋季节暴雨连连，造成渍涝灾害。而且降雨集中，许多雨水得不到充分利用，使侵蚀和干旱加剧。粮食生产只能维持在低水平的种植和收获。三是人类的活动。人口增加，加剧了土壤不合理的开发利用，打破了自然界的生态平衡，加剧了土壤侵蚀。严重的土壤侵蚀，加剧了土壤贫瘠化。耕层土壤有机质多在 15g/kg 以下，粮食产量低而不稳。

因此，土壤侵蚀是造成土壤瘠薄、干旱的根本原因。按照侵蚀程度的不同，本类型耕地分为轻度侵蚀、中度侵蚀、重度侵蚀。

二、瘠薄培肥型

瘠薄培肥型耕地是指受气候、地形等难以改变的大环境（干旱、无水源、高寒）影响，以及距离居民点远，施肥不足，土壤结构不良，养分含量低，产量低于当地高产农田，当前又无见效快、大幅度提高产量的治本性措施（如发展灌溉），只能通过长期培肥加以逐步改良的耕地。乐东县瘠薄培肥型耕地面积 34.36 万亩，占耕地面积的 25.61%，占中低产田面积的 41.11%。

乐东县瘠薄培肥型耕地主要以耕层有机质含量<15g/kg 来划分。主要土属为红赤土地、浅海沉积物黄赤土地、滨海沙土地、潮沙泥土、黄红赤土地等。气候、地

形等大环境的影响导致土壤干旱、养分含量低、结构性差，从而影响作物正常的生长和发育，瘠薄培肥型耕地主要障碍因素就是土壤贫瘠以及所表现出来的耕层浅薄、有机质含量低、保水保肥性差等不良性状。

三、渍涝潜育型

渍涝潜育型耕地是指由于季节性洪水泛滥及局部地形低洼，排水不良，以及土质黏重，耕作制度不当引起滞水潜育现象，需加以改造的水害性稻田。乐东县渍涝潜育型耕地面积5.35万亩，占耕地面积的3.99%，占中低产田面积的6.4%。

乐东县渍涝潜育型耕地零星分布于全县各地的排水条件差的山坑田、峡谷田、谷底田。主要分布在低洼地区。

渍涝潜育型耕地常年地下水位高，土壤潜育化或所处地势低洼，排水困难，雨季常被水淹，从而影响作物生长发育。主要划分要素状况及指标：常年地下水位高于40cm，潜育层发育，没有良好的排水条件，或雨季连续遭淹水3天以上，水深超过30cm。

渍涝潜育型水稻土受地下水位的影响，具有冷、烂、毒等特征，俗称冷浸田、烂泥田、青泥田、锈水田等。因为水分过多，水肥气热等因素不协调，土壤养分不易释放；土壤还原性物质积累多，直接危害根系，影响水稻正常生长；物理性能差，土烂泥深，耕性不良，渍涝潜育型水稻土主导障碍因素是水害，改良主攻方向是排水和降低地下水位。

四、干旱灌溉型（含培肥型）

由于降雨量不足或季节分配不合理，缺少必要的调蓄工程，以及由于地形、土壤因素造成的保水蓄水能力缺陷等问题，在作物生长季节不能满足正常水分需要，同时又具备水资源开发条件，可以通过发展灌溉加以改造的耕地。

乐东县干旱灌溉型耕地面积24.32万亩，占耕地面积的18.13%，占中低产田面积的29.09%。

乐东县干旱灌溉型耕地主要以地下水位、地形部位，以及灌溉条件等指标来作为划分依据。全县各地都有干旱灌溉型耕地零星分布。主要土属为赤土田、紫泥田、火山灰田、生泥田、黄赤土田等。

干旱灌溉（含培肥）型水稻土主要分布在丘陵山地的岗田、旁田，或地势较高的平原地区，灌溉设施不完善，经常受到干旱（主要是季节性干旱）威胁，大部分属于"望天田"，这类田多土壤质地黏重，瘠薄酸瘦，养分缺乏。主导障碍因素一是季节性干旱缺水，二是浅、黏、瘦、板（结板田），三是沙、浅、漏、瘦（沙板田）。

第三章 耕地土壤、立地条件与农田基础设施

第一节 耕地立地条件

立地条件即耕地土壤的自然环境条件与耕地地力直接相关的地形地貌、成土母质、水资源和水文地质。乐东县耕地土壤由于受地形、地貌、水文以及人为因素的综合影响，种类繁多，分布复杂。

一、地形地貌

乐东黎族自治县位于海南省西南部，地处北纬 18°24′～18°58′，东经 108°39′～108°24′之间。东部与保亭相连，东南与著名旅游胜地三亚市毗邻，西北靠海南新兴工业城东方市，西南濒临南海。境域北、东及东南面山脉环绕，地势西北和东北部高，海拔 1000m 以上的山峰聚集连绵，于东北至西南境界上 500～800m 的低山横亘起伏，中部和东北部及昌化江两岸为宽广的丘陵盆地，西南部为海拔 50m 以下的滨海平原和台地，低平开阔，形成了东、北、西三面环山，西南部向南海敞开的特点，犹如一个大马蹄，呈阶梯状下降。

二、成土母质

母质是土壤形成的物质基础，不仅土壤的矿物质起源于母质，土壤有机质中的矿质养分也主要来源于母质。母质是土壤发生演化的起点。在物质生物小循环的推动下，母质的表层逐渐产生肥力，从而转变成为土壤母质，既是成土过程中被改造的原料，又深刻地影响成土过程。土壤往往继承了母质的某些性质，幼年土壤的继承性尤为明显。乐东县地形复杂，母岩和成土母质多样，主要有花岗岩，占 59.5%，砂页岩占 21.3%，安山岩占 1.1%，海相沉积物占 14.6%，河流冲积物占 3.5%。乐东属热带季风气候，并有明显的区域性差异，在各成土条件的相互作用和人为影响下，形成了各种土壤类型，主要有黄壤、砖红壤性红壤（赤红壤）、砖红壤、燥红土、滨海沙土、潮沙泥土、水稻土等七种土壤类型，共计 16 个亚类、46 个土属、120 个土种。其中水稻土分为 6 个亚类、23 个土属、35 个土种。

三、潜水埋深

土壤水分、空气、养分、热量是土壤的肥力要素。土壤水分与潜水埋深关系最为密切。潜水埋深分为低位（地下水位1~2m）、中位（地下水位0.6~1m）、较高位（0.3~0.6m）和高位（地下水位<0.3m）四种类型。高位的有冷底田、青底麻赤土田、青底潮沙泥田、烂浠田。中位的有冲积土田、赤土田、黄赤土田、麻赤土田、页赤土田。低位的有泥肉田、麻赤土田、潮沙泥田。

四、坡度、坡向

坡度的大小与土地的质量密切相关。坡度和坡向影响土壤的水分和作物吸收太阳光能的状况。坡度大，地下水埋深变化大，处在高处的易受旱，处在低处的易受涝。向阳坡耕地上的作物吸收太阳光能能力强，背阳坡上作物吸收太阳光能能力弱。土壤和水的温度低，对作物生长不利。

耕地坡度分为平地（<3°），平缓坡（3°~7°），缓坡（7°~15°），陡坡（15°~25°），极陡坡（25°~35°），险坡（>35°）六级。

第二节 土壤类型及分布规律

一、土壤分类原则、依据

乐东县土壤分类是根据全国第二次土壤普查规程，参照省土壤工作分类方案，采用土类、亚类、土属、土种、变种五级分类制，以土壤发生学为理论指导，认真研究本县的成土条件、成土过程和土壤属性，密切联系生产实际来制定的。

土类是在一定的自然条件和人为因素综合作用下，经过一个主导或几个相结合的成土过程划分的具有一定相似的发生层次、土类间在性质上有明显的差异。划分时考虑：①土壤的发生类型与当地气候条件相吻合。例如：我县属热带季风气候，因垂直地带的气候不同，富铝化过程和特点不一样，形成砖红壤、赤红壤、黄壤。②由于特殊母质类型或过多的地表水或地下水活动，形成了岩成、水成、半水成土壤，如滨海盐渍沼泽土，是除受水的作用外，还受水中盐分的影响形成的水成土壤。③在自然因素、人为因素的影响下，阻碍和延缓成土过程，甚至产生另一种主导的成土过程。如水稻土就是在人为长期种植水稻，水耕熟化，改变了自然成土过程，在新的主导成土过程中产生新的土壤属性的农业土壤类型。

亚类是在土类范围内进一步划分。划分时考虑：①同一土类的不同发育阶段，在成土过程中和剖面形态上有差异。如淹育型水稻土（剖面层次 A、C 或 A、p、C）和潴育型水稻土（剖面层次 A、p、W、G 或 A、p、W、C 等），反映水耕熟化时间长短和铁锰淋溶淀积的不同阶段。②不同土类之间互相过渡，在主要成土过程中，同时产生一个附加成土过程。例如：本县地处海南岛东南部，高温多雨，年降雨量达 2100mm 以上，比其他地区多达 400～500mm，土壤含水量较高，土壤心土层呈黄棕色或黄色，故划分为黄色砖红壤亚类。

土属既是亚类的续分，又是土种的归纳。它是在区域性因素（如母岩、地形部位、水文地质、耕作影响等）的具体影响下，使综合的、总的成土因素产生了区域性的差异。例如潴育性水稻土亚类，本县划为红赤土田、黄赤土田、河沙泥田、白赤土田、潮沙泥田等土属都是根据母质划分的；泥肉田则是根据耕作、肥力影响划分的。盐渍性水稻土亚类划分为咸田、咸酸田、反酸田都是根据区域性水文地质条件和化学组成划分的。黄色砖红壤亚类之所以划分为黄色黄赤土、黄色黄赤土地土属，是因为它们虽然在相同母质上发育而来，但耕作的影响，使其产生了区域性变异。

土种是土壤分类的基本单元，它是根据土壤质地、养分、水分、母岩、母质、酸碱度、盐分、土层厚度等划分的。如黄赤土田土属划分为黄赤土田、黄赤沙泥田、黄赤黏土田、乌黄赤土田、黄赤沙土田等五个土种，根据质地和养分划分。低青泥田土属划分为潮低青泥田、黄低青泥田、白低青泥田、红低青泥田等四个土种，根据母质和水分划分。咸酸田土属中轻咸酸田、重咸酸田、咸酸田土种是根据 pH 和盐分划分的。

变种是土种范围内根据土体中含有铁子、铁盘、砾石的部位进行划分的。

二、土壤类型及面积

根据上述的土壤分类原则和依据，第二次土壤普查报告显示，乐东县主要有黄壤、砖红壤性红壤（赤红壤）、砖红壤、燥红土、滨海沙土、潮沙泥土、水稻土等七种土壤类型，共计 16 个亚类、46 个土属、119 个土种，如表 3-1 所示。

表 3-1　乐东土壤分类系统及面积

代号	土种名	土属	亚类	土类	面积/亩
1	燥红沙泥田	浅脚燥红土田	淹育型亚类	水稻土	884
2	燥红沙质田	浅脚燥红土田	淹育型亚类	水稻土	2897
3	麻赤沙泥田	浅脚赤土田	淹育型亚类	水稻土	16359

续表

代号	土种名	土属	亚类	土类	面积/亩
4	麻褐赤沙质田	浅脚赤土田	淹育型亚类	水稻土	1004
5	燥红沙泥田	燥红土田	潴育型亚类	水稻土	25672
6	燥红沙质田	燥红土田	潴育型亚类	水稻土	15140
7	滨海沙泥田	滨海土田	潴育型亚类	水稻土	22209
8	滨海沙质田	滨海土田	潴育型亚类	水稻土	10357
9	潮泥田	潮沙泥田	潴育型亚类	水稻土	467
10	潮沙泥田	潮沙泥田	潴育型亚类	水稻土	43091
11	潮沙质田	潮沙泥田	潴育型亚类	水稻土	3512
12	麻赤沙泥田	麻赤土田	潴育型亚类	水稻土	91003
13	麻赤沙质田	麻赤土田	潴育型亚类	水稻土	9849
14	麻褐赤沙泥田	麻褐赤土田	潴育型亚类	水稻土	3622
15	冲积沙泥田	冲积土田	潴育型亚类	水稻土	8678
16	冲积沙质田	冲积土田	潴育型亚类	水稻土	1906
17	页赤沙泥田	页赤土田	潴育型亚类	水稻土	20669
18	页赤沙质田	页赤土田	潴育型亚类	水稻土	3902
19	安褐赤沙泥田	安褐赤土田	潴育型亚类	水稻土	1732
20	泥肉田	泥肉田	潴育型亚类	水稻土	1056
21	灰漂燥红沙泥田	灰漂燥红土田	渗育型亚类	水稻土	3656
22	灰漂燥红沙质田	灰漂燥红土田	渗育型亚类	水稻土	11645
23	灰漂滨海沙质田	灰漂滨海土田	渗育型亚类	水稻土	8462
24	灰漂麻赤沙泥田	灰漂麻赤土田	渗育型亚类	水稻土	5145
25	青底燥红沙泥田	青底燥红土田	潜育型亚类	水稻土	1644
26	青底滨海沙泥田	青底滨海土田	潜育型亚类	水稻土	3027
27	青底潮沙泥田	青底潮土田	潜育型亚类	水稻土	2908
28	青底潮沙质田	青底潮土田	潜育型亚类	水稻土	684
29	青底麻赤沙泥田	青底麻赤土田	潜育型亚类	水稻土	2604
30	冷底田	冷底田	潜育型亚类	水稻土	1121
31	烂垯田	冷底田	沼泽型亚类	水稻土	789
32	轻咸田	咸田	盐渍型亚类	水稻土	8692
33	中咸田	咸田	盐渍型亚类	水稻土	681
34	重咸田	咸田	盐渍型亚类	水稻土	1217
35	中反酸田	咸酸田	盐渍型亚类	水稻土	159

续表

代号	土种名	土属	亚类	土类	面积/亩
36	厚厚层麻黄壤	麻黄壤	黄壤	黄壤	16045
37	厚中层麻黄壤	麻黄壤	黄壤	黄壤	1750
38	厚薄层麻黄壤	麻黄壤	黄壤	黄壤	2038
39	中厚层麻黄壤	麻黄壤	黄壤	黄壤	141769
40	薄厚层麻黄壤	麻黄壤	黄壤	黄壤	16163
41	厚中层页黄壤	页黄壤	黄壤	黄壤	342
42	中厚层页黄壤	页黄壤	黄壤	黄壤	37142
43	中中层页黄壤	页黄壤	黄壤	黄壤	72579
44	中薄层页黄壤	页黄壤	黄壤	黄壤	17860
45	薄厚层页黄壤	页黄壤	黄壤	黄壤	1875
46	薄中层页黄壤	页黄壤	黄壤	黄壤	35465
47	厚厚层页灰化黄壤	页灰化黄壤	灰化黄壤	黄壤	363
48	厚中层页灰化黄壤	页灰化黄壤	灰化黄壤	黄壤	355
49	中中层页灰化黄壤	页灰化黄壤	灰化黄壤	黄壤	5665
50	厚厚层麻赤红壤	麻赤红壤	赤红壤	赤红壤	95640
51	厚中层麻赤红壤	麻赤红壤	赤红壤	赤红壤	12540
52	厚薄层麻赤红壤	麻赤红壤	赤红壤	赤红壤	1849
53	中厚层麻赤红壤	麻赤红壤	赤红壤	赤红壤	98345
54	中中层麻赤红壤	麻赤红壤	赤红壤	赤红壤	327934
55	中薄层麻赤红壤	麻赤红壤	赤红壤	赤红壤	53759
56	薄厚层麻赤红壤	麻赤红壤	赤红壤	赤红壤	43914
57	薄中层麻赤红壤	麻赤红壤	赤红壤	赤红壤	12155
58	薄薄层麻赤红壤	麻赤红壤	赤红壤	赤红壤	4213
59	厚厚层页赤红壤	页赤红壤	赤红壤	赤红壤	13675
60	中厚层页赤红壤	页赤红壤	赤红壤	赤红壤	32058
61	中中层页赤红壤	页赤红壤	赤红壤	赤红壤	40316
62	薄厚层页赤红壤	页赤红壤	赤红壤	赤红壤	7030
63	薄中层页赤红壤	页赤红壤	赤红壤	赤红壤	56355
64	中层粗骨麻赤红壤	粗骨性麻赤红壤	粗骨性赤红壤	赤红壤	765
65	粗骨麻赤红壤	粗骨性麻赤红壤	粗骨性赤红壤	赤红壤	2310
66	厚厚层麻赤土	麻赤土	赤土	砖红壤	153190
67	厚中层麻赤土	麻赤土	赤土	砖红壤	74123

续表

代号	土种名	土属	亚类	土类	面积/亩
68	厚薄层麻赤土	麻赤土	赤土	砖红壤	22991
69	中厚层麻赤土	麻赤土	赤土	砖红壤	221687
70	中中层麻赤土	麻赤土	赤土	砖红壤	173452
71	中薄层麻赤土	麻赤土	赤土	砖红壤	101935
72	薄厚层麻赤土	麻赤土	赤土	砖红壤	49770
73	薄中层麻赤土	麻赤土	赤土	砖红壤	56158
74	薄薄层麻赤土	麻赤土	赤土	砖红壤	35218
75	厚厚层页赤土	页赤土	赤土	砖红壤	27011
76	厚中层页赤土	页赤土	赤土	砖红壤	20133
77	中厚层页赤土	页赤土	赤土	砖红壤	38772
78	中中层页赤土	页赤土	赤土	砖红壤	88279
79	中薄层页赤土	页赤土	赤土	砖红壤	9640
80	薄厚层页赤土	页赤土	赤土	砖红壤	49360
81	薄中层页赤土	页赤土	赤土	砖红壤	32278
82	薄薄层页赤土	页赤土	赤土	砖红壤	56313
83	麻赤沙泥地	麻赤土地	赤土	砖红壤	104087
84	麻赤沙质地	麻赤土地	赤土	砖红壤	33106
85	顶赤沙泥地	页赤土地	赤土	砖红壤	26557
86	厚厚层安褐赤土	安褐土地	褐赤土	砖红壤	8114
87	中厚层安褐赤土	安褐土地	褐赤土	砖红壤	5991
88	中中层安褐赤土	安褐土地	褐赤土	砖红壤	14006
89	中薄层安褐赤土	安褐土地	褐赤土	砖红壤	4950
90	薄厚层安褐赤土	安褐土地	褐赤土	砖红壤	2228
91	厚厚层页褐赤土	页褐土	褐赤土	砖红壤	36701
92	厚厚层麻褐赤土	麻褐土	褐赤土	砖红壤	16870
93	中厚层麻褐赤土	麻褐土	褐赤土	砖红壤	113906
94	中中层麻褐赤土	麻褐土	褐赤土	砖红壤	13992
95	中薄层麻褐赤土	麻褐土	褐赤土	砖红壤	1952
96	薄厚层麻褐赤土	麻褐土	褐赤土	砖红壤	25031
97	薄中层麻褐赤土	麻褐土	褐赤土	砖红壤	57071
98	薄薄层麻褐赤土	麻褐土	褐赤土	砖红壤	24424
99	厚层粗骨麻褐赤土	粗骨性麻赤土	粗骨性赤土	砖红壤	13552

续表

代号	土种名	土属	亚类	土类	面积/亩
100	中层粗骨麻褐赤土	粗骨性麻赤土	粗骨性赤土	砖红壤	68931
101	粗骨麻褐赤土	粗骨性麻赤土	粗骨性赤土	砖红壤	48857
102	麻褐赤沙泥地	麻褐赤土地	褐赤土	砖红壤	25467
103	厚中层麻燥红土	麻燥红土	燥红土	燥红土	6612
104	中厚层麻燥红土	麻燥红土	燥红土	燥红土	3442
105	中中层麻燥红土	麻燥红土	燥红土	燥红土	15736
106	厚厚层海积燥红土	海积燥红土	燥红土	燥红土	1373
107	中厚层海积燥红土	海积燥红土	燥红土	燥红土	13001
108	薄厚层海积燥红土	海积燥红土	燥红土	燥红土	1228
109	中厚安燥红土	安燥红土	燥红土	燥红土	11277
110	燥沙泥地	海积燥红土	燥红土	燥红土	23078
111	燥沙质地	海积燥红土	燥红土	燥红土	197526
112	麻燥沙泥地	麻燥红地	燥红土	燥红土	5850
113	潮沙泥地	潮土	沙潮泥土	潮土	3851
114	潮沙泥地	潮土地	沙潮泥土	潮土	35313
115	潮沙质地	潮土地	沙潮泥土	潮土	28008
116	固定沙土	滨海沙土	滨海沙地	滨海沙土	12701
117	半固定沙土	滨海沙土	滨海沙地	滨海沙土	54138
118	流动沙土	滨海沙土	滨海沙地	滨海沙土	4448
119	滨海沙地	滨海沙地	滨海沙地	滨海沙土	63642

三、各类土壤概况

(一) 水稻土

水稻土为本县主要耕作土壤，占耕地面积的 17.86%，主要分布于河积平原、海成阶地、丘陵谷地。主要母质为河流冲积物、浅海沉积物、滨海沉积物、砂页岩、花岗岩。本县水稻土划分为淹育型、潴育型、潜育型、渗育型、沼泽型、盐渍型 6 个亚类、23 个土属、35 个土种。下面对除渗育型外的 5 个水稻土亚类作具体介绍。

1. 渗育性水稻土

渗育层可分为直渗和侧渗两种。直渗水稻土耕层有机质 0.99%，全氮 0.049%，全磷 0.014%，全钾 1.08%，水解氮 1.8mg/100g（土），有效磷、钾分别为 15.5mg/kg、0.2mg/kg，pH5.82。侧渗水稻土耕层有机质 1.66%～2.10%，全氮

0.068%～0.117%，全磷 0.015%～0.020%，全钾 1.73%～2.64%，有效磷、钾则为 5.0～9.0mg/kg、0.2～0.3mg/kg，pH5.82～5.92。土壤质地沙性。耕层浅，12cm 以下的占 77.78%，而中等厚度的占 22.22%，土质以紧沙土至轻壤土为多。

2. 潴育性水稻土

本县潴育性水稻土的耕层土壤属强酸性至酸性，pH 5.19～6.04，有机质中等含量的为多，1.5%～2.5%的占 62.5%，含量较低 0.81%～1.22%和含量较高 3.25%～3.99%的各占 18.75%。全氮中等含量的为主，即 0.089%～0.15%占 75%，含量较低 0.036%～0.054%和含量比较高 0.189%～0.205%各占 12.5%。全磷、水解氮、速效性钾含量低，分别在 0.090%、5.9mg/100g（土）、2.3mg/kg 以下，全钾除个别外，含量都高，在 2.88%～4.96%，有效磷含量低的占 56.25%，均在 10.0mg/kg 以下，含量中等或高的，分别为 10.0～18.0mg/kg 和 21.3～45.3mg/kg。

3. 潜育性水稻土

耕层土壤属强酸性至酸性，pH 5.26～6.06，有机质、全钾含量高，分别为 3.35%～3.97%、3.30%～3.42%。全磷含量因母质而异，河流冲积物的底仅 0.033%，花岗岩地区的谷底冲积物的含量一般为 0.132%。水解氮 4.1mg/100g（土）和速效钾 1.1～1.8mg/kg 均低。有效磷的含量差异极大，多数偏低，只有 9.5mg/kg，高者可达 49.5mg/kg。耕作层厚度偏浅，均在 10～14cm 之间，土壤质地为中壤土。

4. 盐渍型水稻土

耕层有机质、全氮含量低，全磷、水解氮和速效性钾含量甚低，有效磷含量中等，而全钾含量高。酸碱性差异较大，有酸性，也有碱性。机械组成上，主要颗粒是细砾和沙粒，两者共占 70%～74%，而<0.01mm 的仅占 9.82%～20.78%，所以土壤质地为紧沙土至轻壤土。

5. 沼泽型水稻土

土壤质地属沙性，一般发生层不明显，质地上下均一，属碱性土。有机质、全氮、全磷、水解氮的含量极低，分别为 0.11%、0.005%、0.014%、0.2%mg/100g（土）。而钾的含量则高达 2.6%。土壤颗粒组成中沙粒占 97.64%，没有粉沙和黏粒，属松沙土。

(二) 山地黄壤

热带山地黄壤呈强酸性，pH 3.80～4.98 之间，且 pH 值随土壤深度的加深逐渐增大。表层有机质和全氮含量都丰富，分别为 5.94%～12.6%和 0.25%～0.45%，水解氮 7.8～27.8mg/100g（土）。土壤全磷缺乏，多在 0.026%～0.068%之间；全钾因母质而异，砂页岩母质发育的土壤，一般为 0.16%～0.84%，花岗岩母质的则丰富，为 1.52%～4.67%。水解性酸和代换性酸的含量与有机质含量和 pH 值有关，有机质含量高，则水解酸含量一般都高，pH 值小，代换性酸含量则高。

土壤质地属中壤土，但母质和风化度不同，各级颗粒含量也有所不同。

(三) 赤红壤

属强酸性，pH 5.00～5.39。表层有机质、全氮丰富或中等，有机质 5.02%～5.81%，全氮 0.103%～0.238%，全磷 0.025%～0.069%，但全钾的含量，发育于花岗岩母质的高，为 1.66%～2.20%，砂页岩母质的低，仅有 0.60%～0.68%。水解性酸 2.79～8.08me/100g（土），代换性酸 0.35～2.7me/100g（土）。代换量、盐基总量、盐基饱和度在同一土类、不同母质的值不同。

机械组成上，黏粒由上往下层聚集，构成由上往下层的质地是中壤土、重壤土、轻粒土，总的来说质地属中重壤土。

(四) 砖红壤

1. 褐色砖红壤

表层有机质、全氮丰富，而水解氮含量较低，全磷缺乏，全钾丰富。pH 值由上往下渐减，代换量、盐基总量、盐基饱和度上高下低，而水介性酸和代换性酸是上低下高。各层颗粒中，<0.01mm 的物理性黏粒占 50%～60%，其中<0.01mm 的占 30%～40%，故质地较黏，以重壤土为主。

2. 砖红壤

属强酸性土。表层有机质和全氮含量中等，为 2.40% 和 0.100%，而全磷、全钾和水解性氮含量低。在颗粒组成上，表层沙粒占 60% 以上，胶粒不及 14%，质地沙性，属轻壤土。

3. 砖红壤性土

属酸性至中性土，pH 5.62～6.55。表层有机质中等，为 1.86%～2.36%，而全氮、水解氮、全磷含量低，且由上而下渐减，全钾含量各土层都高，为 2.10%～5.00%，但代换性酸度低，代换量、盐基总量、盐基饱和度从上而下渐增。在颗粒组成上，石砾和沙粒占 74.97%～93.49%，而黏粒<0.01mm 的含量仅 5.67%～16.08%，所以土壤质地属沙性。

(五) 燥红土

表层有机质（0.77%～0.047%）、全氮（0.043%～0.038%）、全磷（0.022%～0.047%），水解氮 [15～20mg/100g（土）] 含量都很低。全钾含量受母质的影响差异很大，纯海相沉积物发育的全钾量仅 0.063%，受花岗的风化物影响发育的全钾量高达 3.12%。表层代换性酸低于底土和心土，而盐基总量与代换量之比，表层大于其他层次，所以表层的 pH 值高于底土和心土。各土层均为沙性，其中以沙粒和细砾为主，占 70%～80%。

（六）滨海沙土

土壤发生层极不明显，厚 0～17cm，接近中性，有机质、全氮、水解氮、全磷的含量均低，分别为 0.90%～0.91%、0.029%～0.30%、1.0～1.2mg/100g（土）、0.016%以下。全钾含量高，代换性酸较低。土壤质地沙性，粗砾和沙粒占 97%以上。

（七）潮土

耕层土壤有机质 0.86%～0.93%，全氮 0.042%～0.047%，全磷 0.048%～0.70%，水解氮 3.1mg/100g（土），速效钾 0.7～0.9mg/kg，其含量都低，但全钾含量丰富，为 4.08%，有效磷含量多数中等，为 13.8mg/kg，少数含量很高，超过 40mg/kg。

四、土壤分布规律

乐东县地形复杂，成土母岩和母质类型较多，故形成的土壤类型也多。既有地带性土壤，也有非地带性土壤。整个土壤分布有明显的垂直分布规律，从西南部至东北部海拔由低到高垂直断面依次可见：海拔 0～10m 为近代浅海沉积物形成的滨海沙土，这一带气候干燥，地势平坦，植被有刺葵和仙人掌等旱生植物。土壤剖面发育不明显，质地偏沙。海拔 10～50m 为古海相沉积物的滨海阶地上发育的燥红土，植被为稀树草原。土层深厚，剖面层次发育明显，土壤肥力较低，多利用为腰果地。海拔 50～400m 为花岗岩或砂页岩母质发育的砖红壤，植被为灌木草丛或草地，土层深厚，自然肥力较高，是热带作物的主要基地。海拔 400～800m 为花岗岩或砂页岩母质发育的赤红壤，植被为常绿季雨林。海拔 800m 以上为花岗岩或砂页岩母质发育的黄壤，植被为热带山地常绿阔叶林和山地雨林。

上述自然土，在人们长期的耕作利用下，有的已形成水稻土，有的形成旱作土，并形成了特有的土壤剖面特征，肥力状况也随耕作制度及耕作年限不同而改变。水稻土中有的形成了土层深厚、肥力较高的泥肉田，但也有部分由于耕作制度不合理，招致向沼泽化、潜育化方向发展的趋势。

第三节 农田基础设施状况

乐东县严格高效管理土地资源，开展闲置地清理，实施土地整理和耕地占补，保障大项目建设用地，促进了社会稳定和经济健康快速发展。

近年来，乐东加强了农村基础设施建设，进一步加大支农力度，不断改善农民生产生活条件。截至 2019 年 12 月底，全县顺利完成建档立卡贫困户 14524 户，60583 人脱贫，40 个贫困村庄全部出列，贫困发生率从 2013 年底的 10.14%降低到零。2018、2019 年，乐东县连续两年在全省脱贫攻坚成效考核中综合评价为好等次。完成农村公路通车里程 1032.61km，增长 3.0%。加固水库 78 宗，新修渠道 44.25km，修复水毁灾损水利工程 12 处。

农业现代化水平进一步提高。2019 年末，农业机械总动力 74.31 万千瓦，同比增长 0.08%；拖拉机 0.85 万台，同比增长 3.66%；农用运输车 0.57 万辆，同比增长 2.4%。全年化肥施用量（折纯）4.97 万吨，同比下降 1.97%；现有农田有效灌溉面积 1.44 万公顷，同比增长 1.7%。

乐东县以文明生态村建设为综合创建载体，捆绑农业、水利、交通、扶贫、民房改造、改水改厕、沼气池建设、开行贷款等各项涉农支农资金，切实推进新农村建设。2008 年创建文明生态村 30 个，完成农村沼气"一池三改"2787 户。

乐东在农村供水改水建设方面，建成供水改水项目 15 个。在农村电网改造方面，完成 3.01 万户农户改造。在农田水利建设方面，完成抱孔田洋农田整治、球港三期加固和三曲沟水库除险加固等工程，使农田灌溉能力进一步提高，获得省农田水利基本建设三等奖。

近年来，乐东完成抱由镇明霞田洋中低产田、利国镇抱佛田洋中低产田等四个改造项目，累计完成改造中低产田 7.6 万亩，完成投资 5994 万元，增加灌溉面积 0.77 万亩，改善灌溉面积 5.17 万亩。

出于历史原因，位于乐东山区的志强田洋、三合田洋、成栋田洋长期以来得不到综合开发，水利设施陈旧，沟渠阻塞，不能充分发挥其作用，很大程度上影响了农业生产，特别是冬季瓜菜的生产。2009 年，乐东县政府投资 1628 万元对三个田洋 1.2 万多亩土地进行了全面的农业综合开发。截至目前，已完成田间灌溉渠道 45km，排水沟 21km，整治田间交通道路 35km，各种配套建筑设施已基本完成。

田洋整治完成后，基础设施进一步完善，农业生产条件进一步提升，实现"路相通，渠相连，旱能灌，涝能排"的稳产高产标准化农田格局，为促进当地农业产业高效发展打下了良好的基础；直接受益村庄 5 个，受益人口 1 万多人。现在这三个田洋种植的冬种瓜菜已接近 1 万亩，是乐东山区最大的冬种瓜菜生产基地。田洋整治完成后，乐东县农业农村局加大了冬季瓜菜的种植力度，最大限度地发挥了田洋的作用，促进了农业增效，农民增收。

第四章 耕地土壤属性

第一节 有机质及大量元素

土壤养分是土壤肥力的核心部分，全面客观地评价土壤的实际养分水平是科学施肥的依据。依据国家测土配方施肥项目要求，对海南省乐东县的 11 个乡镇的 2241 个土样进行分析。土壤来自 11 个乡镇，涵盖了乐东县的各种土壤类型。主要测定结果如表 4-1 所示。

表 4-1 乐东县土壤养分状况

采样地点	采样数	pH	速效钾/(mg/kg)	有效磷/(mg/kg)	碱解氮/(mg/kg)
千家镇	71	5.42	32.49	9.43	53.41
莺歌海镇	87	5.24	76.52	28.00	52.76
利国镇	131	5.57	38.76	41.61	38.29
抱由镇	178	5.30	28.26	12.62	63.86
万冲镇	201	4.70	69.23	7.16	86.32
九所镇	203	5.63	70.01	37.44	54.59
大安镇	219	5.45	25.53	10.40	68.81
志仲镇	233	4.80	112.90	15.57	101.96
尖峰镇	266	5.50	87.05	46.47	45.63
佛罗镇	303	5.67	97.45	75.81	68.79
黄流镇	337	5.67	84.38	45.27	55.04

采样地点	采样数	有机质/(g/kg)	缓效钾/(mg/kg)	全氮/(g/kg)	有效硫/(mg/kg)	有效钙/(mg/kg)	有效镁/(mg/kg)	有效铜/(mg/kg)	有效锌/(mg/kg)	全钾/(g/kg)
莺歌海镇	21	14.27	250.42	0.77	33.66	267.22	87.23	0.52	3.70	0.26
利国镇	32	11.74	117.41	0.71	27.95	320.93	56.73	0.65	4.36	0.12
抱由镇	39	13.78	193.83	0.81	27.15	277.22	64.30	0.37	3.48	0.15
大安镇	48	13.36	198.65	0.86	36.72	190.00	39.45	0.56	3.70	0.26
千家镇	66	18.40	178.66	0.87	16.45	531.18	111.71	0.43	3.26	0.24
九所镇	89	14.51	226.88	0.82	53.11	575.88	84.67	0.33	5.60	0.14
志仲镇	97	20.60	315.87	1.03	30.41	952.55	89.36	0.53	4.56	0.32

续表

采样地点	采样数	有机质/(g/kg)	缓效钾/(mg/kg)	全氮/(g/kg)	有效硫/(mg/kg)	有效钙/(mg/kg)	有效镁/(mg/kg)	有效铜/(mg/kg)	有效锌/(mg/kg)	全钾/(g/kg)
万冲镇	97	19.46	237.44	1.06	24.31	594.81	72.06	0.31	5.14	0.21
尖峰镇	121	12.61	256.66	0.72	65.84	453.21	38.57	0.66	3.84	0.24
佛罗镇	149	13.74	208.46	0.76	89.53	644.94	46.90	0.67	3.91	0.19
黄流镇	151	11.75	125.48	0.72	38.03	397.89	145.67	0.55	4.71	0.18

一、有机质含量

土壤有机质含量多少是土壤肥力高低的一项重要指标。土壤有机质不仅是土壤中各种营养元素特别是氮、磷的重要来源，而且土壤有机质使土壤具有保肥力和缓冲性，从而改善土壤的物理性质。乐东县耕层土壤有机质含量在 1.34～74.00g/kg 之间，平均含量为 14.95g/kg，标准差 8.41，变异系数 54.48%。按照第二次土壤普查养分分级标准分级（表 4-2），达到二级至四级标准的有 1528 个，占 69.11%。其中，达到四级标准的占 49.75%，而达二级和三级标准分别占 2.76%和 16.60%。2211 个土样的结果分析表明，11 个镇土壤有机质含量标准差为 3.10，变异系数为 20.78%。其中，土壤有机质含量最高的为志仲镇，平均含量为 20.60g/kg；利国镇的土壤有机质含量最低，为 11.74g/kg。从标准差和变异系数来看，11 个镇的分布差别不是太大。

表 4-2 耕地土壤有机质含量状况

含量分级	含量/（g/kg）	样次	频率/%	含量平均值/（g/kg）
一级	>40	35	1.58	48.67
二级	30～40	61	2.76	33.64
三级	20～30	367	16.60	23.82
四级	10～20	1100	49.75	14.51
五级	6～10	449	20.31	8.16
六级	<6	199	9.00	4.64
整体				14.95

按土壤养分分级标准对乐东县耕层土壤有机质进行分级，全县土壤有机质含量整体不高，其平均值为土壤四级标准，含量最高的志仲镇属于三级标准，利国镇属于四级标准；从分析结果看，大部分处于第四、五等级，第四等级的占 49.75%，第五等级的占 20.31%，仅有 2.76%的属于第二等级。依据海南省土壤丰缺指标分级，

所分析的 2211 个土样中，有 79.06% 属于有机质缺乏，仅有 1.58% 的属于丰裕，19.36% 属于中间水平。由此可见，乐东县耕地土壤有机质含量属较低水平。

根据结果统计分析，不同土种类型的土壤耕层有机质含量差异较大（表 4-3）。其中，灰漂燥红沙泥田最高，平均含量为 36.54g/kg；冲积沙泥田土种为最低，平均含量为 7.21g/kg。各土种间有机质含量从大到小的顺序为灰漂燥红沙泥田、安褐沙泥田、麻赤红壤、烂坮田等。

表 4-3 不同土种土壤耕层有机质含量状况

土种	平均值/（g/kg）	含量范围/（g/kg）	标准差	变异系数/%
中反酸田	16.61	16.61	0.00	0.00
中咸田	16.38	12.34～23.16	4.19	25.56
冲积沙泥田	7.21	7.21	0.00	0.00
冷底田	8.37	3.38～13.32	4.06	48.46
安褐沙泥田	31.42	31.42	0.00	0.00
洪积沙泥田	16.69	2.98～40.02	5.89	35.29
海积燥红土	19.24	5.34～32.38	6.71	34.90
滨海沙土	17.07	2.63～74	12.87	75.38
滨海沙泥田	17.50	4.47～48.44	8.91	50.94
滨海沙质田	12.53	4.29～28.38	6.01	47.98
潮沙泥地	13.63	4.65～27.13	5.10	37.40
潮沙质地	10.41	4.9～18.16	2.86	27.51
潮沙质田	19.30	9.01～40.62	6.25	32.38
灰漂滨海沙质田	15.06	4.37～44.52	8.68	57.62
灰漂燥红沙泥田	36.54	12～64.78	18.99	51.97
灰漂燥红沙质田	10.09	5.79～18.39	3.95	39.15
灰漂麻赤沙泥田	14.50	10.36～22.15	4.54	31.32
烂坮田	20.12	19.75～20.49	0.37	1.84
燥沙泥地	14.68	14.68	0.00	0.00
燥沙质地	10.18	1.88～49.64	5.53	54.35
燥红沙泥田	8.71	1.34～20.57	3.79	43.50
燥红沙质田	11.63	4.16～22.66	5.03	43.26
粗骨性麻赤土	15.19	13.14～17.23	2.05	13.50
轻咸田	13.62	6.83～27.67	5.76	42.28
重咸田	12.99	9.9～15.47	2.31	17.78

续表

土种	平均值/（g/kg）	含量范围/（g/kg）	标准差	变异系数/%
青底燥红泥沙田	14.99	10.3～25	5.45	36.35
青底麻赤沙泥田	13.02	7.85～16.21	3.69	28.34
页赤土	14.12	7.55～24.27	4.59	32.51
页赤沙泥地	13.23	11.13～4.31	1.25	9.45
页赤沙质田	11.62	10.15～13.08	1.47	12.66
麻褐土	9.56	6.5～11.16	2.16	22.60
麻褐沙泥地	8.10	3.78～11.13	2.42	29.89
麻褐沙泥田	16.52	9.49～24.6	4.66	28.21
麻赤土	18.93	4.28～65.64	7.95	41.99
麻赤沙泥地	15.04	4.85～35.99	5.48	36.43
麻赤沙泥田	17.25	6.86～31.67	5.09	29.50
麻赤沙质地	15.97	4.55～55.3	7.73	48.39
麻赤沙质田	19.72	11.04～34.1	6.79	34.42
麻赤红壤	23.68	23.68	0.00	0

二、全氮含量

土壤氮素由有机态氮和无机态氮组成。在土壤表层中，有机态氮约占土壤全氮含量的90%。随着土壤深度的增加，这一比例显著降低。一般情况下，在施肥中采用土壤全氮和碱解氮含量作为土壤供氮能力与水平评估指标。据2241个土样的结果分析表明，乐东县土壤全氮平均含量为0.83g/kg，其变幅为0.01～3.74g/kg。其中，万冲镇土壤全氮含量最高，为1.06 g/kg；利国镇土壤全氮含量最低，仅为0.71g/kg。11个镇土壤全氮含量的标准差为0.12，变异系数为14.37%，各个镇间土壤全氮含量变化幅度很小。按土壤养分分级标准，乐东县土壤全氮含量第二等级仅占4.95%，第三等级的占21.12%，24.20%的属于第四等级，22.77%的属于第五等级，仍有24.64%的属于第六等级（表4-4）。

表4-4　乐东县耕地土壤全氮含量状况

含量分级	含量/（g/kg）	样次	频率/%	平均值/（g/kg）
一级	>2.0	21	2.31	2.63
二级	1.5～2.0	45	4.95	1.69
三级	1.0～1.5	192	21.12	1.19

续表

含量分级	含量/（g/kg）	样次	频率/%	平均值/（g/kg）
四级	0.75～1.0	220	24.20	0.86
五级	0.5～0.75	207	22.77	0.63
六级	<0.5	224	24.64	0.33
整体				0.83

全县土壤碱解氮含量范围为 0.27～426.41mg/kg，平均含量为 64.39mg/kg。11 个镇土壤碱解氮含量的标准差为 37.72，变异系数为 58.24%。各个镇间土壤碱解氮含量变化幅度较大。其中，志仲镇土壤碱解氮含量最高，平均值为 101.96mg/kg；利国镇土壤碱解氮含量仅为 38.29mg/kg（表 4-1）。总体上看，志仲镇、万冲镇的土壤碱解氮含量较高，利国镇的碱解氮含量相对较低。按土壤养分分级标准，乐东县土壤碱解氮含量较低，处于第一、二等级分别只有 2.86%和 3.85%，第三、四等级分别占 14.85%和 26.29%，有 14.19%的属于第六等级；含量在 120mg/kg 以上的占 6.71%；在 60～120mg/kg 之间的占到 41.14%；在 60mg/kg 以下的有 52.14%。结合海南土壤丰缺分级可以看出其土壤碱解氮含量偏低，碱解氮含量在 60 mg/kg 以上即为供应能力中等的标准衡量，全县土壤在短期内供氮能力适中（表 4-5）。

表 4-5　乐东县耕地土壤碱解氮含量状况

含量分级	含量/（mg/kg）	样次	频率/（%）	平均值/（g/kg）
一级	>150	26	2.86	192.57
二级	120～150	35	3.85	132.14
三级	9～120	135	14.85	101.62
四级	60～90	239	26.29	72.63
五级	30～60	345	37.95	45.01
六级	<30	129	14.19	20.45
整体				64.77

不同土属类型的土壤耕层全氮含量差异如表 4-6 所示。其中，海积燥红土全氮含量最高，平均含量为 1.15g/kg；麻黄壤最低，平均含量为 0.13g/kg。除了不同土属土壤耕层全氮含量有差异外，不同质地土壤耕层全氮含量也有差异，质地为黏壤土的土壤全氮含量相对较高，而质地为沙壤土的全氮含量相对较低。

表 4-6　不同土属土壤耕层全氮含量状况

土属	平均值/g/kg	最小值/g/kg	最大值/g/kg	标准差	变异系数/%
安褐土	0.66	0.66	0.66	0.00	0.00
安褐土田	0.90	0.90	0.90	0.00	0.00
滨海沙土	0.81	0.12	3.63	0.58	71.93
滨海田	0.97	0.18	2.69	0.48	49.76
潮沙坭田	0.88	0.25	1.35	0.27	30.64
潮土地	0.77	0.13	3.31	0.52	67.04
冲积土田	0.69	0.48	0.89	0.29	41.72
粗骨性赤红壤	0.48	0.48	0.48	0.00	0.00
粗骨性麻赤土	0.63	0.15	0.99	0.39	61.80
海积燥红地	0.66	0.07	2.33	0.41	62.67
海积燥红土	1.15	0.69	1.78	0.43	37.38
洪积土田	0.95	0.18	2.75	0.50	52.52
灰漂滨海田	0.90	0.20	1.67	0.50	55.44
灰漂燥红土田	0.65	0.19	1.43	0.39	60.13
冷底田	0.68	0.42	1.15	0.28	40.64
麻赤红壤	0.60	0.24	1.04	0.27	45.27
麻赤土	0.98	0.26	3.57	0.40	41.10
麻赤土地	0.88	0.23	1.34	0.27	30.39
麻赤土田	1.02	0.29	3.74	0.64	63.08
麻褐土	0.85	0.10	1.75	0.47	55.28
麻褐土地	0.47	0.28	0.58	0.12	26.27
麻褐土田	0.77	0.77	0.77	0.00	0.00
麻黄壤	0.13	0.03	0.23	0.14	107.50
麻燥红地	0.97	0.97	0.97	0.00	0.00
坭肉田	1.05	1.05	1.05	0.00	0.00
青底燥红土田	0.70	0.53	0.97	0.24	33.88
咸田	0.61	0.35	0.89	0.17	28.47
页赤土	1.06	0.81	1.37	0.28	26.91
页赤土田	0.97	0.83	1.11	0.20	20.95
燥红土田	0.85	0.23	3.38	0.66	77.51

三、有效磷含量

磷素是作物重要的养分,它直接参与植物体中氨基酸、蛋白质、脂肪类合成与转化等一系列生理生化反应,也是磷脂类和核蛋白的重要成分。土壤磷素含量一定程度反映了土壤中磷素的贮量和供应能力。土壤全磷的多少取决于成土母质,农耕地土壤全磷多少与施用磷肥有一定关系,但没有相关性。因此,将土壤有效磷作为磷素养分供应水平的指标。本次调查分析结果表明,乐东县土壤有效磷平均含量为34.21mg/kg,变幅为 0.03~1509.18mg/kg;有效磷含量以佛罗镇和尖峰镇的含量最高,分别为75.81mg/kg 和46.47mg/kg;万冲镇和千家镇的含量较低,仅为7.16mg/kg 和9.43mg/kg。11 个镇的有效磷含量均值的标准差为 21.53,变异系数 71.83%。

根据第二次土壤普查养分分级标准,不同等级土壤有效磷情况如表 4-7 所示:第一、第二和第三等级分别占 29.13%、17.50%和 14.97%,有 12.80%的属于第四等级,第五等级占 9.09%,16.51%的属于第六等级。有效磷含量大于 20mg/kg 的占46.63%,也就是说有 46.63%的属于磷丰裕;而 27.77%的属于中等水平,即磷含量在 5~20mg/kg 之间;25.60%属于磷缺乏地区。由此可见,全县土壤有效磷含量较高,施用磷肥增产潜力较小。

表 4-7 耕地土壤有效磷(P_2O_5)含量状况

含量分级	含量/(mg/kg)	样次	频率/%	平均值(mg/kg)
一级	>40	644	29.13	86.72
二级	20~40	387	17.50	29.52
三级	10~20	331	14.97	14.52
四级	5~10	283	12.80	7.36
五级	3~5	201	9.09	4.00
六级	<3	365	16.51	1.81
整体				34.21

表 4-8 统计了不同土种土壤耕层有效磷含量的差异。从表中可以看出,重咸田土种中有效磷含量最高,平均含量为 104.83mg/kg,烂垭田、中咸田土种为最低,分别为 1.14mg/kg 和 2.35mg/kg。调查结果表明,土壤有效磷含量受利用方式影响较大。沿海沙壤地区,花岗岩沙壤土地区,由于近几年大面积推广种植反季节蔬菜,实行冬春瓜菜-晚稻轮作制,施用的磷肥、复合肥较多,土壤有效磷含量在 6~45mg/kg 之间,平均含量为 35.58mg/kg。

表 4-8 不同土种耕层土壤有效磷（P_2O_5）含量差异

土种	平均值/（mg/kg）	含量范围/（mg/kg）	标准差	变异系数/%
中反酸田	3.15	3.15	0	0
冲积沙泥田	86.78	86.78	0.00	0.00
冷底田	20.23	5.82～46.025	18.28	90.38
安褐沙泥田	47.24	47.24	0.00	0.00
洪积沙泥田	11.85	1.24～149.8	19.14	161.53
海积燥红土	18.66	0.68～52.15	14.33	76.76
滨海沙土	80.96	8～1509.20	142.97	176.59
滨海沙泥田	34.83	0.845～287.85	41.75	119.85
滨海沙质田	30.92	9.29～73.08	20.32	65.71
潮沙泥地	50.31	0.57～294.62	54.53	108.39
潮沙质地	63.18	2.07～301.12	61.76	97.75
潮沙质田	16.24	1.42～87.3	21.29	131.13
灰漂滨海沙质田	60.39	2.15～301.83	66.51	110.14
灰漂燥红沙泥田	30.52	3.00～69.05	24.31	79.64
灰漂燥红沙质田	43.65	9.29～65.23	14.28	32.72
灰漂麻赤沙泥田	25.15	1.37～55.69	22.98	91.37
烂垾田	1.14	1.02～1.26	0.12	10.53
燥沙泥地	43.33	43.33	0.00	0.00
燥沙质地	50.41	1.53～329.53	43.28	85.86
燥红沙泥田	31.80	1.57～260.99	47.27	148.67
燥红沙质田	30.28	0.8～97.22	25.95	85.71
粗骨性麻赤土	4.41	4.41	0.00	0.00
轻咸田	59.66	2.27～217.0	57.67	96.66
中咸田	2.35	1.83～2.94	0.41	17.32
重咸田	104.83	75.51～119.71	20.73	19.78
青底燥红泥沙田	34.94	10.74～54.97	18.52	53.01
青底麻赤沙泥田	29.02	6.99～60.34	22.75	78.40
页赤土	14.28	2.24～49.69	14.39	100.80
页赤沙泥地	27.91	0.18～52.71	23.17	83.02
页赤沙质田	65.93	31.36～100.5	34.57	52.43
麻褐土	58.98	3.22～130.18	52.97	89.81
麻褐沙泥地	42.90	22.43～68.35	17.52	40.84

续表

土种	平均值/(mg/kg)	含量范围/(mg/kg)	标准差	变异系数/%
麻褐沙泥田	7.58	0.39～70.35	13.79	181.88
麻赤土	10.27	0.63～100.66	15.02	146.23
麻赤沙泥地	9.56	0.54～67.82	13.72	143.52
麻赤沙泥田	22.40	0.57～328.00	45.09	201.32
麻赤沙质地	5.50	0.51～31.45	5.69	103.49
麻赤沙质田	5.60	1.06～15.55	4.66	83.23
麻赤红壤	3.07	3.07	0.00	0.00

四、速效钾含量

钾是植物重要的营养元素。土壤供钾能力与土壤全钾含量密切相关。因此，了解土壤全钾含量状况，对合理施用钾肥有重要的意义。一般情况下，土壤全钾含量和速效钾含量作为土壤供钾的丰缺指标。据对909个土样统计分析，乐东县全钾的平均含量为0.21g/kg，其变幅为0.001～1.69g/kg。11个乡镇的平均含量相差较小，其变异系数为27.42%。按海南土壤养分含量分级等级标准，909个土样的92.30%属于第五等级，第一等级的没有，第二级占0.11%，第三等级0.77%，第四、五等级占6.82%和92.30。由此可见，全县土壤全钾含量极低（表4-9）。其中，志仲镇土壤全钾含量最高，平均含量为0.32g/kg，利国镇最低，其平均值仅为0.12g/kg，各地区土壤全钾含量相差不大。

表4-9 耕地土壤全钾（K_2O）含量状况

含量分级	含量/(g/kg)	样次	频率/%	平均值（g/kg）
一级	>2.0	0	0	0
二级	1.5～2.0	1	0.11	1.69
三级	1.0～1.5	7	0.77	1.14
四级	0.5～1.0	62	6.82	0.68
五级	<0.5	839	92.30	0.17
整体				0.21

乐东县土壤速效钾的平均含量为71.68 mg/kg，变幅为0.29～1422.20mg/kg。11个乡镇土壤速效钾含量相差不大，各乡镇含量的标准差为30.06，变异系数45.75%。其中，志仲镇土壤速效钾含量最高，为112.90mg/kg；大安镇速效钾含量最低，为

25.53mg/kg。结合海南土壤养分含量分级等级和海南省土壤钾素丰缺指标，2211 个土样大部分处于第四、五和六等级，分别占 26.28%、21.44%和 30.21%，总共达 77.93%，表明近八成的耕地钾素缺乏。由此可见，全县钾含量偏低（表 4-10）。

表 4-10 耕地土壤速效钾（K_2O）含量状况

含量分级	含量/(mg/kg)	样次	频率/%	平均值/(mg/kg)
一级	>200	112	5.07	296.81
二级	150～200	122	5.52	172.18
三级	100～150	254	11.49	121.17
四级	50～100	581	26.28	71.36
五级	30～50	474	21.44	39.64
六级	<30	668	30.21	19.76
整体				71.68

表 4-11 比较了不同土种的土壤耕层速效钾含量的差异。从表中可以看出，麻褐土土种的耕地速效钾含量最高，平均含量为 136.82mg/kg；冲积沙泥田土种最低，平均含量为 7.07mg/kg。各土种间速效钾含量由大到小的顺序为麻褐土、麻褐沙泥地、轻咸田、潮沙质地等。

表 4-11 不同土种耕层速效钾（K_2O）含量状况

土种	平均值/(mg/kg)	含量范围/(mg/kg)	标准差	变异系数/%
中反酸田	39.30	39.30	0.00	0.00
冲积沙泥田	7.07	7.07	0.00	0.00
冷底田	53.09	16.84～113.81	43.20	81.36
安褐沙泥田	63.54	63.54	0.00	0.00
洪积沙泥田	52.17	0.29～383.18	55.59	106.55
海积燥红土	77.64	16.35～191.01	54.61	70.34
滨海沙土	99.71	7.01～619.21	84.24	84.49
滨海沙泥田	84.59	11.13～501.5	76.01	89.86
滨海沙质田	41.36	8.08～66.48	16.61	40.15
潮沙泥地	70.84	10.16～325.90	56.65	79.98
潮沙质地	114.02	26.20～338.00	78.17	68.56
潮沙质田	94.34	8.37～988.56	143.96	152.60
灰漂滨海沙质田	88.48	8.08～325.47	79.28	89.60

续表

土种	平均值/(mg/kg)	含量范围/(mg/kg)	标准差	变异系数/%
灰漂燥红沙泥田	86.68	17.19~205.71	67.41	77.77
灰漂燥红沙质田	55.00	8.86~215.94	52.04	94.62
灰漂麻赤沙泥田	42.94	37.94~171.74	4.57	10.64
烂垭田	20.33	20.07~20.58	0.25	1.23
燥沙泥地	38.76	38.76	0.00	0.00
燥沙质地	80.02	2.22~443.45	67.68	84.58
燥红沙泥田	48.58	1.72~158.04	37.73	77.66
燥红沙质田	54.71	9.86~266.04	48.42	88.50
粗骨性麻赤土	28.32	20.35~36.3	7.98	28.17
轻咸田	117.33	45.72~313.85	65.55	55.87
中咸田	28.84	20.6~44.4	9.58	33.21
重咸田	69.97	41.50~87.70	20.33	29.05
青底燥红泥沙田	30.71	18.24~66.05	18.15	59.10
青底麻赤沙泥田	33.43	12.65~51.82	16.08	48.09
页赤土	25.98	3.1~57.47	14.32	55.12
页赤沙泥地	23.79	9.11~49.79	15.72	66.07
页赤沙质田	11.19	9.14~13.23	2.05	18.28
麻褐土	136.82	16.05~232.20	90.05	65.82
麻褐沙泥地	131.21	64.47~208.73	50.39	38.40
麻褐沙泥田	31.47	9.12~87.80	17.06	54.20
麻赤土	74.78	5.43~1422.2	106.62	142.59
麻赤沙泥地	30.67	9.08~135.89	23.85	77.76
麻赤沙泥田	61.87	7.05~480.04	66.69	107.79
麻赤沙质地	28.94	3.79~156.25	25.06	86.59
麻赤沙质田	35.12	20.35~63.42	13.38	38.10
麻赤红壤	46.88	46.88	0.00	0.00

五、土壤养分含量变化

表 4-12 比较了本次调查与第二次土壤普查养分含量的等级比例变化情况。此次调查与第二次土壤普查相比，土壤中有机质的一级、二级和三级、五级土壤的比例有所下降，四级和六级有所上升，其中三级下降的幅度最大，下降了 9.04%。全氮的四级和六级土壤比例上升幅度最大，分别上升了 8.82% 和 14.38%，三级土壤的比

例下降幅度最大，下降了 17.34%。有效磷的一级、二级土壤比例上升幅度较大，分别上升了 26.50% 和 12.24%，六级土壤比例下降的幅度最大，下降了 17.70%。速效钾的一级、二级和三级土壤比例都有所下降。由此可见，总体水平上，土壤养分含量水平总体有所下降，全县耕地土壤出现富磷缺钾的状况俨然严重。

表 4-12　本次调查与第二次土壤普查土壤养分含量等级比例对照表　　　　单位：%

等级	有机质		全氮		有效磷		速效钾	
	本次调查	第二次普查	本次调查	第二次普查	本次调查	第二次普查	本次调查	第二次普查
一级	1.58	7.69	2.31	10.26	29.13	2.63	5.07	10.53
二级	2.76	7.69	4.95	10.26	17.50	5.26	5.52	18.42
三级	16.60	25.64	21.12	38.46	14.97	7.89	11.49	13.16
四级	49.75	38.46	24.20	15.38	12.80	23.68	26.28	13.16
五级	20.31	20.51	22.77	15.38	9.09	26.32	21.44	10.53
六级	9.00	0.00	24.64	10.26	16.51	34.21	30.21	34.21

第二节　中量元素

一、有效钙含量

乐东县耕地土壤耕层有效钙含量范围在 3.31~9979.79mg/kg 之间，平均含量为 531.32mg/kg，标准差为 847.36，变异系数为 159.48%。由此可见，不同土壤有效钙含量差异较大。根据土壤养分分级标准（表 4-13），达到一级标准的有 125 个，占 13.75%；二级标准的有 65 个，占 7.15%；达到三级标准的有 108 个，占 11.88%；

表 4-13　耕地土壤有效钙含量状况

含量分级	含量/(mg/kg)	样次	频率/%	平均值（mg/kg）
一级	>1000	125	13.75	1958.27
二级	700~1000	65	7.15	828.71
三级	500~700	108	11.88	585.32
四级	300~500	143	15.73	395.02
五级	<300	468	51.49	138.06
整体				531.32

四级标准的有143个，占15.73%；五级标准的有468个，占51.49%。因此，乐东县耕地土壤有效钙含量属中下等水平。

表4-14比较了不同土属的土壤耕层有效钙含量的差异。从表中可以看出，页赤土田土种的耕地有效钙含量最低，平均含量为77.36mg/kg；灰漂滨海田土种最高，平均含量为1055.58mg/kg。有效钙含量较高的为灰漂滨海田、麻赤土、安褐土田等。

表4-14 不同土属耕层有效钙含量状况

土属	平均值/（mg/kg）	最小值/（mg/kg）	最大值/（mg/kg）	标准差	变异系数
页赤土田	77.36	5.26	149.47	101.97	131.81
麻褐土地	93.47	42.26	226.13	75.90	81.21
麻褐土田	105.16	105.16	105.16	0.00	0.00
安褐土	108.33	108.33	108.33	0.00	0.00
咸田	130.72	48.21	226.13	52.87	40.44
冲积土田	142.16	127.75	156.58	20.38	14.34
麻燥红地	171.11	171.11	171.11	0.00	0.00
页赤土	183.45	76.68	283.38	103.51	56.43
滨海田	194.03	53.28	1157.29	213.12	109.84
粗骨性麻赤土	201.18	77.36	431.24	141.83	70.50
海积燥红土	205.74	96.63	641.56	166.28	80.82
麻黄壤	274.13	217.03	331.23	80.75	29.46
灰漂燥红土田	281.69	34.38	1055.23	349.04	123.91
冷底田	298.88	15.92	573.88	224.97	75.27
海积燥红地	300.52	3.31	2205.83	329.34	109.59
麻赤土地	318.26	14.79	2240.87	514.71	161.73
潮土地	343.60	41.14	1502.05	320.55	93.29
燥红土田	400.28	14.79	1146.89	306.71	76.62
麻褐土	411.37	83.01	1059.41	223.70	54.38
粗骨性赤红壤	432.64	432.64	432.64	0.00	0.00
麻赤红壤	455.75	257.50	1270.69	299.74	65.77
潮沙坭田	520.00	79.20	2143.87	541.33	104.10
滨海沙土	535.53	66.37	5442.45	835.68	156.05
青底燥红土田	623.54	532.38	771.73	129.46	20.76
坭肉田	835.73	835.73	835.73	0.00	0.00
洪积土田	853.93	54.53	2645.63	638.39	74.76

续表

土属	平均值/(mg/kg)	最小值/(mg/kg)	最大值/(mg/kg)	标准差	变异系数
麻赤土田	930.26	41.14	3396.07	951.85	102.32
安褐土田	991.18	991.18	991.18	0.00	0.00
麻赤土	1001.43	3.31	9979.79	1412.51	141.05
灰漂滨海田	1055.58	65.30	7118.24	2200.92	208.50

二、有效镁含量

乐东县耕地土壤有效镁含量的范围在 0.1～473.68mg/kg 之间，平均含量为 79.45mg/kg，标准差为 81.30，变异系数为 102.44%。根据土壤养分分级标准，不同等级含量范围的频率分布情况如表 4-15 所示。由表可知乐东县土壤有效镁含量较低，达到一级、二级标准的分别只占 3.41%和 5.61%；四级和五级标准的有 442 个，共占 48.62%；六级标准的有 237 个，占 26.07%。由此可见，乐东县耕地土壤有效镁较缺乏。

表 4-15 耕地土壤有效镁含量状况

含量分级	含量/(mg/kg)	样次	频率/%	平均值(mg/kg)
一级	>300	31	3.41	351.67
二级	200～300	51	5.61	252.69
三级	100～200	148	16.28	134.54
四级	50～100	263	28.93	72.79
五级	25～50	179	19.69	37.09
六级	<25	237	26.07	11.21
整体				79.36

表 4-16 统计了不同土属的耕层有效镁含量的差异。从表中可看出，土壤有效镁含量以安褐土田含量最高，平均含量为 148.00mg/kg；麻赤土田次之，为 138.39mg/kg；麻褐土地最低，只有 14.63mg/kg。乐东县土壤缺镁地区主要分布在尖峰、大安和佛罗等镇。

表 4-16 不同土属耕层有效镁含量状况

土属	平均值/(mg/kg)	最小值/(mg/kg)	最大值/(mg/kg)	标准差	变异系数/%
安褐土	21.53	21.53	21.53	0.00	0.00
安褐土田	148.00	148.00	148.00	0.00	0.00

续表

土属	平均值/（mg/kg）	最小值/（mg/kg）	最大值/（mg/kg）	标准差	变异系数/%
滨海沙土	80.19	8.15	397.68	75.22	93.80
滨海田	35.44	4.67	188.20	35.14	99.15
潮沙坭田	80.71	12.45	302.69	76.23	94.45
潮土地	60.36	1.62	260.14	51.72	85.68
冲积土田	28.66	24.55	32.78	5.82	20.30
粗骨性赤红壤	77.46	77.46	77.46	0.00	0.00
粗骨性麻赤土	36.26	11.72	71.10	24.68	68.07
海积燥红地	50.56	0.10	305.55	53.29	105.40
海积燥红土	38.87	18.29	105.15	25.79	66.36
洪积土田	134.15	5.17	339.35	90.62	67.55
灰漂滨海田	97.23	7.33	411.55	141.46	145.49
灰漂燥红土田	43.62	0.94	153.32	53.67	123.05
冷底田	51.82	0.44	96.18	38.23	73.79
麻赤红壤	81.29	51.68	212.76	45.06	55.44
麻赤土	130.86	0.00	473.68	104.55	79.89
麻赤土地	51.22	0.20	306.31	71.95	140.46
麻赤土田	138.39	1.62	365.11	121.50	87.80
麻褐土	71.71	13.56	156.98	31.53	43.97
麻褐土地	14.63	1.74	46.45	18.33	125.26
麻褐土田	20.89	20.89	20.89	0.00	0.00
麻黄壤	53.11	42.84	63.38	14.53	27.36
麻燥红地	36.70	36.70	36.70	0.00	0.00
坭肉田	125.30	125.30	125.30	0.00	0.00
青底燥红土田	101.35	90.88	118.07	14.64	14.44
咸田	24.97	2.84	46.58	12.60	50.48
页赤土	34.97	11.18	55.24	22.24	63.60
页赤土田	15.02	0.20	29.85	20.97	139.58
燥红土田	67.39	0.36	187.04	48.64	72.19

第三节　微量元素

一、有效硫含量

乐东县耕地土壤有效硫含量范围在 3.26～1294.85mg/kg 之间，平均含量为 46.82mg/kg，标准差为 103.66，变异系数为 221.40%。根据土壤养分分级标准，不同等级含量范围的频次分布情况如表 4-17 所示。达到一级标准的有 196 个，占样点总数的 21.56%；二级标准的有 104 个，占 11.44%；三级标准的只有 241 个，占 26.51%；以低于 20mg/kg 为缺硫临界值来看，四级和五级标准的有 368 个，占 40.48%。由此可以看出，乐东县耕地土壤有效硫含量属中等水平。

表 4-17　耕地土壤有效硫含量状况

含量分级	含量/（mg/kg）	样次	频率/%	平均值（mg/kg）
一级	>40	196	21.56	141.22
二级	30～40	104	11.44	34.73
三级	20～30	241	26.51	24.2
四级	10～20	337	37.07	15.4
五级	<10	31	3.41	7.93

表 4-18 比较了不同土属的土壤耕层有效硫含量的差异。从表中可以看出，安褐土田最高，平均值为 134.82mg/kg；麻褐土田最低，平均值为 13.84mg/kg。各土属间土壤有效硫含量标准差为 27.71，变异系数为 66.52%。从各土属的标准差和变异系数来看，乐东县土壤有效硫含量差异不是很大。

表 4-18　不同土属耕层有效硫含量状况

土属	平均值/（mg/kg）	最小值/（mg/kg）	最大值/（mg/kg）	标准差	变异系数/%
麻褐土田	13.84	13.84	13.84	0.00	0.00
页赤土田	16.61	12.87	20.35	5.29	31.85
麻褐土地	17.26	12.29	23.04	4.49	26.03
粗骨性麻赤土	17.59	5.94	39.22	11.92	67.81
麻黄壤	20.67	12.81	28.53	11.12	53.80
灰漂燥红土田	21.02	9.81	41.25	9.03	42.93
潮沙坭田	21.75	10.10	54.60	11.34	52.14
页赤土	21.87	3.26	42.83	19.89	90.94

续表

土属	平均值/(mg/kg)	最小值/(mg/kg)	最大值/(mg/kg)	标准差	变异系数/%
冲积土田	22.63	13.84	31.42	12.43	54.93
洪积土田	23.92	7.36	79.59	12.84	53.70
麻赤土地	24.58	6.46	116.55	24.31	98.87
坭肉田	24.82	24.82	24.82	0.00	0.00
青底燥红土田	25.75	18.29	30.39	6.52	25.33
冷底田	26.99	12.61	46.02	12.17	45.10
麻赤土	27.67	4.72	231.33	27.31	98.68
麻赤土田	27.92	7.40	117.58	23.23	83.19
安褐土	39.67	39.67	39.67	0.00	0.00
麻燥红地	40.57	40.57	40.57	0.00	0.00
麻赤红壤	41.25	17.97	187.87	43.72	106.01
海积燥红地	42.68	6.75	914.01	83.84	196.42
潮土地	45.94	13.13	276.75	49.09	106.85
海积燥红土	51.99	16.59	225.24	66.31	127.54
粗骨性赤红壤	53.56	53.56	53.56	0.00	0.00
滨海田	60.90	16.41	253.95	56.97	93.55
咸田	64.39	15.83	254.52	74.40	115.55
麻褐土	73.63	15.73	385.97	99.87	135.65
滨海沙土	74.60	10.81	539.58	121.24	162.51
燥红土田	76.78	10.86	1294.85	220.95	287.78
灰漂滨海田	94.17	11.04	390.37	129.98	138.03
安褐土田	134.82	134.82	134.82	0.00	0.00

二、有效锌含量

乐东县耕地有效锌含量的范围在 0.02～38.76mg/kg 之间，平均含量为 4.33mg/kg，标准差 3.44，变异数为 79.18%。由此可见，全县土壤有效锌含量差异不大。根据土壤养分分级标准（表 4-19），达到一级标准的有 561 个，占 61.72%；二级标准的 301 个，占 33.11%。以低于 0.5mg/kg 缺锌临界值来看，全县耕地土壤有效锌含量绝大部分样点都高于临界值，属于锌含量丰富地区。

表 4-19　耕地土壤有效锌含量状况

含量分级	含量/（mg/kg）	样次	频率/%	平均值（mg/kg）
一级	>3.0	561	61.72	5.84
二级	1.0～3.0	301	33.11	2.11
三级	0.5～1.0	29	3.19	0.75
四级	0.3～0.5	7	0.77	0.42
五级	<0.3	11	1.21	0.12
整体				4.33

表 4-20 比较了不同土属的土壤耕层有效锌含量的差异。从表中可以看出，各土属耕层有效锌含量范围在 1.30～6.89mg/kg 之间，标准差为 1.55，变异系数为 40.54%。各土属中含量最低的是页赤土田，平均值为 1.30mg/kg；含量最高的是安褐土田，平均值为 6.89mg/kg。从各土属的标准差和变异系数来看，乐东县土壤有效锌含量差异不大。

表 4-20　不同土属耕层有效锌含量状况

土属	平均值/（mg/kg）	最小值/（mg/kg）	最大值/(mg/kg)	标准差	变异系数/%
页赤土田	1.30	0.05	2.55	1.77	135.86
麻褐土地	1.68	0.81	3.22	0.95	56.42
麻褐土田	2.17	2.17	2.17	0.00	0.00
安褐土	2.20	2.20	2.20	0.00	0.00
咸田	2.30	1.00	3.22	0.63	27.30
冲积土田	2.51	2.33	2.68	0.25	9.88
页赤土	2.68	1.71	3.42	0.88	32.91
滨海田	2.69	1.14	7.62	1.27	47.09
粗骨性麻赤土	2.76	1.75	4.18	0.98	35.60
麻燥红地	2.83	2.83	2.83	0.00	0.00
灰漂燥红土田	2.87	0.56	7.12	2.27	79.28
海积燥红土	2.93	2.09	5.69	1.07	36.61
海积燥红地	3.12	0.00	11.63	2.08	66.51
麻赤土地	3.19	0.08	11.80	2.56	80.38
冷底田	3.19	0.25	5.26	1.95	60.96
麻黄壤	3.43	3.09	3.76	0.47	13.78
潮土地	3.70	0.76	9.04	1.80	48.70

续表

土属	平均值/(mg/kg)	最小值/(mg/kg)	最大值/(mg/kg)	标准差	变异系数/%
燥红土田	3.91	0.15	7.62	1.94	49.53
麻褐土	4.17	1.86	7.28	1.21	29.14
粗骨性赤红壤	4.37	4.37	4.37	0.00	0.00
麻赤红壤	4.38	3.35	8.02	1.42	32.52
潮沙坭田	4.44	1.80	11.43	2.71	60.96
滨海沙土	4.61	1.54	22.51	3.37	73.17
青底燥红土田	5.50	5.06	6.25	0.65	11.83
灰漂滨海田	5.63	1.49	24.54	7.27	129.00
洪积土田	6.11	1.22	13.09	2.89	47.30
麻赤土田	6.12	0.79	15.30	4.12	67.34
泥肉田	6.35	6.35	6.35	0.00	0.00
麻赤土	6.48	0.00	38.76	5.13	79.15
安褐土田	6.89	6.89	6.89	0.00	0.00

第四节 其他属性

一、土体构型

土壤的土体构型影响着土壤中水、肥、气、热诸因素的协调性，是土壤肥力的综合反映，也是进行土壤分类的依据。土体构型是指整个土体各层次质地排列组合情况。它对土壤水、肥、气、热等各个肥力因素有制约和调节作用，特别对土壤中水、肥贮藏与流失有较大影响。因此，良好的土体构型是土壤肥力的基础。

乐东县此次调查耕地土壤以水稻土为主，耕地土壤土体构型以潴育型（A-P-W-C，A-P-W）为最多，有 202332 亩，占 77.94%。潜育型和沼泽型水稻土（A-P-G-W，A-P-W-G，A-P-G，A-G）有 9812 亩，占 3.78%。渗育型（A-P-E，A-P-E-C）水稻土 22247 亩，占 8.57%。淹育型（A-P-C，A-P-C-C）水稻土面积为 16276 亩，占水田面积的 6.27%。潜育型、沼泽型、渗育型都是不良构型，都存在着障碍因素，对作物生长不利，需经过农田水利建设来治理，克服障碍层次。

二、土壤质地

土壤质地是土壤的重要物理性质之一。不同的质地对土壤肥力高低、耕性好坏、生产性能的优劣具有很大影响。土壤质地亦称土壤机械组成，指不同粒径土粒在土壤中占有的比例组合。根据卡庆斯基质地分类，粒径大于 0.01mm 的为物理性沙粒，小于 0.01mm 的为物理性黏粒。根据其沙黏含量及其比例，主要可分为沙土、壤土、黏土三种类型。沙土包括松沙土和紧沙土；壤土包括沙壤、轻壤、中壤、重壤土；黏土包括轻黏、中黏及重黏土。土壤质地对土壤的通透性、保水保肥、适耕性及养分含量都有较大的影响。乐东县耕地土壤质地概况如表 4-21 所示。

表 4-21　不同质地的耕地土壤面积统计表

土壤质地	面积/亩	比例/%
沙土	227139	49.09
壤土	211130	45.63
黏土	24430	5.28

全县壤土面积为 211130 亩，占全县耕地总面积的 45.63%。该土类沙黏适中，大小空隙比例适当，通透性好，保水保肥，养分含量丰富，有机质分解快，供肥性好，耕作方便，宜耕期长，耕作质量好，发小苗也发老苗。因此，一般壤质土水、肥、气、热比较协调，从质地上看，是农业上较为理想的土壤。

全县沙土面积为 227139 亩，占全县耕地总面积的 49.09%。该土类土质较沙，疏松易耕，粒间空隙大，通透性好，但保水保肥性能差，抗旱力弱，供肥性差，前劲少后劲足，发小苗不发老苗。

全县黏土面积为 24430 亩，占全县耕地总面积的 5.28%。该土类土壤黏重致密，难耕作，宜耕期短，保肥性能强，养分含量高，但易板结，通透性能差，土壤性冷，有机质分解矿化慢，施肥后肥效释放慢，作物生根难，不养小苗而发老苗。

三、耕层厚度

耕作层的深浅反映了土壤的熟化程度，它直接影响着土壤养分的含量。在养分比例相同的情况下，耕层 0~20cm 与 20~40cm 相比，水分和养分要少 30%。因此，耕层深的不易脱肥和受旱。根据对 110 个取样点的调查，乐东县土壤耕层厚度范围在 9~22cm 之间。9~15cm 占 66.88%，15~20cm 占 27.06%，>20cm 的占 6.06%。由此可见，乐东县耕地耕层厚度总体上属中下水平。

四、土壤酸碱度

乐东县耕地土壤 pH 范围在 2.83～8.71 之间，根据酸碱度的分级标准，耕地土壤酸碱度状况如表 4-22 所示。从表中可以看出，三级的酸性范围占 50.06%；微酸性范围内的占 28.16%。可见乐东县耕地土壤大都属于酸性范围。

表 4-22　乐东县耕地土壤 pH 值状况

含量分级	pH	样次	频率/%	平均值
一级	6.6～7.6	56	6.16	6.91
二级	5.6～6.6	256	28.16	5.98
三级	4.6～5.6	455	50.06	5.12
四级	7.6～8.6	4	0.44	7.89
五级	<4.6；>8.6	138	15.18	4.34
整体				5.67

五、障碍层次

障碍层次是指妨碍作物根系生长或对土壤环境的协调产生阻碍的土壤层次。乐东县耕地土壤障碍层的主要类型，一是渗育层。层次多出现在 25～40cm 之间，这是由于地下的侧流渗水作用，使心土层中的铁、锰等元素被漂洗，从而形成白土层，其成分多为高岭土。该层土壤养分缺乏，粉沙、板结无结构，或者形成一层白沙，成为沙漏层。渗漏作用强，养分损失严重，养分含量低。二是潜育层。乐东县潜育型、沼泽型水稻土都有这种障碍层次，大都出现在 60cm 之内，是由于地下水位较高或土体长期受水浸，形成一层颇厚的青泥层，由于长期处于嫌气环境中，亚铁、硫化氢等还原物质毒害水稻根系，水稻易早衰。

据调查，乐东县耕地土壤在 30cm 以内含有白土层的耕地有 10102 亩，占 2.25%；白土层出现在 30cm 以下的耕地有 51904 亩，占 11.56%。青泥层出现在 30cm 以上的耕地有 25952 亩，占 5.78%；出现在 30cm 以下的耕地面积有 14637 亩，占 3.26%。

第五节　耕地土壤属性综述

一、有机质

乐东县耕地耕层土壤有机质含量范围为 1.88～74.00g/kg，其平均含量为

14.95g/kg。11个乡镇土壤有机质含量标准差为3.10,变异系数为20.78%。其中,志仲镇土壤有机质含量最高,利国镇最低,其平均值分别为20.60g/kg和11.74g/kg。从标准差和变异系数来看,全县土壤有机质含量差异不大。根据第二次土壤普查养分分级标准,乐东县土壤有机质含量不高,其平均值为土壤四级标准;所分析的2211个土样中大部分处于第四、五等级,分别占49.75%和20.31%,仅有2.76%的属于第二等级。依据海南土壤丰缺指标分级,所分析的2211个土样中有79.06%属于有机质缺乏,仅有1.58%的属于丰水平,19.36%属于中间水平。由此可见乐东县的土壤有机质含量较低。

二、全氮

乐东县土壤全氮平均含量为0.83g/kg,其变幅为0.01~3.74g/kg。其中,万冲镇土壤全氮含量最高,平均含量为1.06g/kg;利国镇最低,仅为0.71g/kg。11个乡镇的标准差为0.12,其变异系数为14.37%。按土壤养分分级标准,乐东县土壤全氮含量第二等级占4.95%,第三等级占21.12%,24.20%的属于第四等级,仍有24.64%的属于第六等级。

三、碱解氮

乐东县土壤碱解氮的平均含量为64.39mg/kg,其变幅为0.27~426.41mg/kg。11个乡镇的标准差为38.2,变异系数为59.33%,表明其变化幅度不大。其中,志仲镇土壤碱解氮含量最高,其平均值为101.96mg/kg;尖峰镇含量最低,仅为45.63mg/kg。按土壤养分分级标准,全县土壤碱解氮含量较低,3.85%的处于第二等级,第三、四等级分别占14.85%和26.29%,有14.19%的属于第六等级;含量在120mg/kg以上的占6.71%;在60~120mg/kg之间的占到41.14%;在60mg/kg以下的有52.15%。结合海南土壤丰缺指标分级,可以看出乐东县土壤氮含量偏低;以碱解氮含量在60mg/kg以上即为供应能力中等的标准衡量,全县土壤在短期内供氮能力偏低。

四、有效磷

乐东县土壤有效磷平均含量34.21mg/kg,其变幅为0.03~1509.18mg/kg。有效磷含量以佛罗镇和尖峰镇含量最高,分别为75.81mg/kg和46.47mg/kg,万冲镇和千家镇的含量较低,仅为7.16mg/kg和9.43mg/kg。11个乡镇的标准差为21.53,变异系数71.82%。结合海南土壤养分含量分级等级和海南土壤磷素丰缺指标,大部分土样处于第一、二和第三等级,分别占29.13%、17.50%和14.97%;有12.80%的属于第四等级，第五等级占9.09%，16.51%的属于第六等级。其有效磷含量大于20mg/kg的占46.63%，即有46.63%的属于磷丰裕；27.77%的属于中等水平，即磷含量在5～20mg/kg之间；25.60%属于磷缺乏地区。由此可见，全县有效磷含量较高。

五、全钾

乐东县土壤全钾平均含量为0.21g/kg，其变幅为0.001～1.69g/kg。按海南土壤养分含量分级等级，其909个土样中第一等级的没有，第二级仅占0.11%，第三等级0.77%，第四、第五等级占6.82%和92.30%。11个乡镇的平均含量相差较小，其变异系数为27.42%。其中志仲镇最高，为0.32g/kg；利国镇最低，仅为0.12g/kg。由此可见，全县土壤全钾含量极低，各地区含量相差不大。

六、速效钾

乐东县土壤速效钾平均含量为71.78mg/kg，其变幅为1.72～1422.20mg/kg。11个乡镇的平均含量相差较大，其标准差为30.06，变异系数45.75%。其中，志仲镇含量最高，为122.90mg/kg；大安镇含量最低，为25.53mg/kg。结合海南土壤养分含量分级等级和海南土壤磷素丰缺指标，2229个土样中大部分处于第四、第五和第六等级，分别占26.28%、21.44%和30.22%，总共达77.93%，表明近八成的耕地土壤钾素缺乏；第三等级仅占11.49%；51.65%的属于钾缺乏，即土壤速效钾含量低于50mg/kg。由此可见，全县土壤速效钾含量严重偏低。

七、有效钙

乐东县耕地土壤耕层有效钙含量在3.31～9979.79mg/kg之间，平均值为531.32mg/kg，标准差为847.36，变异系数为159.48%，表明不同土壤有效钙含量差异较大。根据土壤养分分级标准，达到一级标准的有125个，占13.75%；二级标准的有65个，占7.15%；三级标准的有108个，占11.88%；四级标准的有143个，占15.73%；五级标准的有468个，占51.49%。由此可见，乐东县耕地土壤有效钙含量属中下等水平。

八、有效镁

乐东县耕地土壤有效镁含量的范围在0.1～473.68mg/kg之间，平均值为79.36mg/kg，标准差为81.30，变异系数为102.44%。根据土壤养分分级标准，全县耕地土壤有效镁含量较低，达到一级和二级标准的分别只占3.41%和5.61%；四级和五级标准的有 442 个，占 48.62%；六级标准的有 237 个，占 11.21%。可见，乐东县耕地耕层土壤有效镁的含量较缺乏。

九、有效硫

乐东县耕地土壤有效硫含量在 3.26～1294.85mg/kg 之间，平均值为 46.82mg/kg，标准差为 103.66，变异系数 221.40%。根据土壤养分分级标准，达到一级标准的有 196 个，占样点总数的 21.56%；二级标准的有 104 个，占 11.44%；三级标准的只有 241 个，占 26.51%；以低于 20mg/kg 为缺硫临界值来看，达到第四、五两级标准的有 368 个，占 40.48%。由此可见，乐东县耕地土壤有效硫含量属中等水平。

十、有效锌

乐东县耕地土壤有效锌含量在 0.02～38.76mg/kg 之间，平均值为 4.33mg/kg，标准差 3.44，变异数为 79.18，表明全县土壤有效锌含量差异不大。根据土壤养分分级标准，达到一级标准的有 561 个，占 61.72%；达二级标准的 301 个，占 33.11%；以低于 0.5mg/kg 缺锌临界值来看，乐东县耕地土壤有效锌绝大部分样点都高于临界值，属于锌含量丰富地区（表 4-23）。

表 4-23 乐东县耕地土壤属性总体统计结果

项目名称	采样数	平均值	最小值	最大值	标准差	变异系数/%
有机质/（g/kg）	2241	14.95	1.34	74	8.41	54.48
速效钾/（mg/kg）	2240	71.68	0.29	1422.2	75.22	104.78
有效磷/（mg/kg）	2229	34.21	0.03	1509.18	53.29	155.77
碱解氮/（mg/kg）	2241	64.39	0.27	426.41	38.2	59.33
缓效钾/（mg/kg）	909	211.86	1.02	1686.49	196.79	92.89
全氮/（g/kg）	909	0.83	0.01	3.74	0.48	57.83
有效硫/（mg/kg）	909	46.82	3.26	1294.85	103.66	221.40
有效钙/（mg/kg）	909	531.32	3.31	9979.79	847.36	159.48
有效镁/（mg/kg）	908	79.45	0.1	473.68	81.3	102.33
有效铜/（mg/kg）	895	0.53	0.01	7.53	0.65	122.64
有效锌/（mg/kg）	907	4.34	0.02	38.76	3.44	79.26
pH	2241	5.39	2.83	8.71	0.72	13.36

第五章 耕地地力评价

本次耕地地力评价根据乐东县特定气候区域以及地形地貌、成土母质、土壤理化性状、农田基础设施等要素相互作用表现出来的综合特征，运用模糊评价、层次分析法等数学理论，针对乐东县的耕地进行耕地地力等级划分。通过耕地地力评价，摸清乐东县耕地生产力的高低和潜在生产力。

第一节 耕地地力等级划分

一、耕地地力评价概括

本次耕地地力评价采用了农业农村部推荐的评价方法进行评价。乐东县耕地评价单元有 12844 个，由土壤图、基本农田保护区地块图及土地利用现状图叠加产生。评价指标体系由成土母质、全氮、土壤 pH、有机质、有效磷、速效钾、交换性镁、坡度、耕层厚度及地貌类型等对耕地地力影响比较大、区域内变异明显、具有相对稳定性，且与农业生产有密切联系的 10 种因素组成。

根据模糊数学的理论，将选定的评价指标与耕地生产能力的关系分为戒上型函数、戒下型函数、峰型函数、直线型函数以及概念型 5 种类型的隶属函数。对于前四种函数，用特尔菲法拟合隶属函数（表 5-1）。而概念型指标如质地、坡度、剖面构型等，与耕地生产能力之间是一种非线性的关系，采用特尔菲法直接给出隶属度，各评价因素及其隶属度如表 5-2 至表 5-4 所示。

表 5-1 评价因素及其隶属函数

项目	隶属函数	C	U_t
pH	$X_2=1/[1+0.422868(X_1\sim 6.79)^2]$	6.8	$U_1=4$，$U_2=9.5$
有机质/（mg/kg）	$X_2=1/[1+0.00513(X_1\sim 26.7099)^2]$	27	$U=8$
有效磷/（mg/kg）	$X_2=1/[1+0.006799(X_1\sim 21.8791)^2]$	22	$U=5$
速效钾/（mg/kg）	$X_2=1/[1+0.00009(X_1\sim 159.9995)^2]$	160	$U=30$
交换性镁/（mg/kg）	$X_2=1/[1+4.14(X_1\sim 1.0)^2]$	1.0	$U<0.2$
全氮/（g/kg）	$X_2=1/[1+4.56(X_1\sim 0.8)^2]$	0.8	
坡度/（°）	$X_2=1-0.2U$	0	$U_1=5$，$U_2=0$

表 5-2　耕层厚度隶属度及其描述

描述	<12cm	12～14cm	14～16cm	16～18cm	<18cm
隶属度值	0.5	0.7	0.8	0.9	1

表 5-3　地貌类型隶属度及其描述

描述	平原	山麓平原	谷底平原	中坡度丘陵	中坡度山地	高坡度山地
隶属度值	1	0.9	0.8	0.7	0.6	0.4

表 5-4　成土母质类型隶属度及描述

描述	浅海沉积物	花岗岩风化物	河流冲积物	谷底冲积物	安山岩风化物	砂页岩风化物
隶属度值	1	0.9	0.7	0.6	0.5	0.4

单因素的权重通过层次分析法来确定。首先，根据乐东县耕地地力指标各个要素间的关系构造耕地地力评价要素层次结构图；其次，请专家比较同一层次各因素对上一层次的相对重要性，给出数量化的评估，形成判断矩阵；最后，根据判断矩阵计算矩阵的最大特征根与特征向量，并进行一致性检验，最终求得各评价因素的组合权重，即评价指标的单因素实际权重，如表 5-5 所示。

表 5-5　乐东县耕地地力评价层次分析结果

C	B			组合权重	备注
	B_1	B_2	B_3	$\sum B_i C_i$	
	0.5000	0.3333	0.1667		
C_1	0.2222			0.1111	坡度
C_2	0.1111			0.0556	成土母质
C_3	0.6667			0.3334	地貌类型
C_4		0.2835		0.0945	耕层厚度
C_5		0.0836		0.0279	pH
C_6		0.6330		0.2110	有机质
C_7			0.4651	0.0775	全氮
C_8			0.2326	0.0388	有效磷
C_9			0.1860	0.0310	速效钾
C_{10}			0.1163	0.0194	交换性镁

根据加乘法则，在相互交叉的同类中采用加法模型计算综合性指数。
构造层次模型 ---------------------------

```
目标层---              ┌──────┐
                      │耕地地力│
                      └──────┘
           ┌───────────────┼───────────────┐
准则层---  ┌──────┐     ┌──────┐      ┌──────┐
          │立地条件│     │理化性状│      │剖面构型│
          └──────┘     └──────┘      └──────┘
              │             │              │
指标层---  ┌──────┐     ┌──────┐      ┌──────┐
          │坡度   │     │耕层厚度│      │全氮   │
          │成土母质│     │pH    │      │有效磷 │
          │地貌类型│     │有机质 │      │速效钾 │
          │       │     │       │      │交换性镁│
          │       │     │       │      │       │
          └──────┘     └──────┘      └──────┘
```

目标层判别矩阵原始资料：

1.0000	1.5002	3.0003
0.6666	1.0000	2.0000
0.3333	0.5000	1.0000

特征向量：[0.5000, 0.3333, 0.1667]

最大特征根为：3.0000

CI=5.00164611948378EE-06

RI=0.58

$CR=CI/RI$=0.00000957<0.1

一致性检验通过！

准则层（1）判别矩阵原始资料：

1.0000	2.0000	0.3333
0.5000	1.0000	0.1667
3.0000	6.0000	1.0000

特征向量：[0.2222, 0.1111, 0.6667]

最大特征根为：3.0000

CI=1.66664815122175E-05

RI=0.58

$CR=CI/RI$=0.00002874<0.1

一致性检验通过！

准则层（2）判别矩阵原始资料：

1.0000	4.5005	0.3333
0.2222	1.0000	0.1667
3.0000	6.0000	1.0000

特征向量：[0.2835, 0.0836, 0.6330]

最大特征根为：3.0743

CI=3.71729248525066E-02

RI=0.58

$CR=CI/RI$=0.06409125<0.1

一致性检验通过！

准则层（3）判别矩阵原始资料：

1.0000	2.0000	2.5000	4.0000
0.5000	1.0000	1.2500	2.0000
0.4000	0.8000	1.0000	1.6000
0.2500	0.5000	0.6250	1.0000

特征向量：[0.4651, 0.2326, 0.1860, 0.1163]

最大特征根为：4.0000

CI=0

RI=0.9

$CR=CI/RI$=0.0000000<0.1

一致性检验通过！

层次总排序一致性检验：

CI=1.2398620285394E-02

RI=0.633330370449373

CR=CI/RI=0.01957686<0.1
总排序一致性检验通过!

二、耕地地力综合指数分级方案

根据乐东县耕地地力综合指数结果，结合本地区的实际，运用累积曲线法制定乐东县耕地地力综合指数分级方案，如表5-6所示。

表5-6　乐东县耕地地力评价等级划分方案

级别	综合指数	级别	综合指数
一级	≥0.85	四级	0.72～0.66
二级	0.85～0.80	五级	≤0.66
三级	0.80～0.72		

三、耕地地力等级划分结果

乐东县耕地地力评价的成果主要是以图件的形式直观表现的，耕地地力评价成果图采用ArcGIS9.2绘制。下面主要对各级耕地的面积、分布和特点加以描述。

（一）乐东县不同土种类型耕地地力等级划分

表5-7比较了不同土种耕地地力等级状况。从表中可以看出，一级耕地分布面积最大的是潮沙泥田，面积为16828.39亩，占该土种总面积的50.98%，说明该土种地力水平很高，种植水稻能够获得高产；其次是燥沙质地和滨海沙土，一级地总面积分别为9961.58亩和8779.25亩，分别占土种总面积的39.31%和10.18%。除此之外，一级地分布较广的还有麻赤土、潮沙泥地和滨海沙泥田，面积分别为6920.86亩、5549.97亩和5089.39亩，分别占土种总面积的9.16%、37.21%和48.49%。

潮沙泥田、麻赤土和燥沙质地不仅一级地分布较广，也是二级地面积最大的土种，面积分别达到9642.21亩、13712.70亩和27105.48亩，分别占土种总面积的29.21%、18.15%和27.70%。潮沙质地、滨海沙地和麻赤沙泥田的二级地面积次之，分别为5614.96亩、5436.50亩和5289.54亩，分别占土种总面积的62.49%、26.46%和19.04%。

三级地分布最广的土种为麻赤土、燥沙质地、麻赤沙泥田、页赤沙泥田和滨海沙地，其中，麻赤土和燥沙质地土种的一、二、三级耕地面积分布较广，说明这些土种都具有比较高的地力水平。麻赤沙泥田、页赤沙泥田和滨海沙地土种中，麻赤沙泥田三级地面积为 11486.46 亩，占该土种总面积的 41.34%；页赤沙泥田面积为 6286.53 亩，占土种总面积的 37.26%；滨海沙地 6047.86 亩，占土种总面积的 29.44%。此外，页赤土三级耕地面积为 4806.15 亩，占该土种耕地总面积的 20.12%；麻赤沙质田面积为 4567.63 亩，占该土种总面积的 53.50%。这些土种耕地地力处于中等水平。

四级地分布最广的土种为页赤土、麻赤沙泥地、燥红沙泥田、麻赤沙质田和麻赤沙质地等，其中，页赤土四级耕地总面积为 8419.61 亩，占该土种耕地总面积的 35.25%；麻赤沙泥地四级耕地面积为 4352.81 亩，占土种总面积的 28.34%；燥红沙泥田四级耕地总面积为 2781.56 亩，占土种总面积的 28.68%；麻赤沙质田四级地总面积为 1965.64 亩，占土种总面积的 23.02%；麻赤沙质地四级耕地总面积为 1441.13 亩，占该土种耕地总面积的 24.53%。这些土种耕地地力处于中等较差水平。

五级耕地分布最广的土种主要有页赤土、麻赤沙泥地、麻赤红壤、燥红沙质田、粗骨性麻赤土、麻褐土等。其中页赤土五级耕地总面积 10659.77 亩，占土种总面积的 44.63%；燥沙质地五级地总面积为 4093.44 亩，占土种总面积的 23.91%，麻赤沙泥地五级地总面积为 3659.17 亩，占土种总面积的 23.82%；燥红沙质田五级地总面积为 1630.52 亩，占土种总面积的 7.94%。

表 5-7　乐东县不同土种类型耕地地力等级划分结果　　　　　　　　　单位：亩

土种	等级					总计
	一级	二级	三级	四级	五级	
麻燥沙泥地	1593.20	0.00	0.00	0.00	0.00	1593.20
潮沙泥土	0.00	92.79	0.00	0.00	0.00	92.79
青底潮沙质田	206.42	157.90	0.00	0.00	0.00	364.32
潮沙田	86.49	0.00	7.20	0.00	0.00	93.69
青底滨海沙泥田	474.70	216.11	34.29	0.00	0.00	725.10
安褐赤沙泥田	22.64	0.00	43.91	0.00	0.00	66.54
泥肉田	0.00	0.00	46.57	0.00	0.00	46.57
咸酸田	705.16	235.81	96.52	0.00	0.00	1037.50
青底潮沙泥田	63.54	19.68	150.83	0.00	0.00	234.05
烂坲田	97.36	0.00	164.58	0.00	0.00	261.94
潮泥田	476.20	9.05	335.38	0.00	0.00	820.63
青底燥红沙泥田	0.00	344.24	703.59	0.00	0.00	1047.83
麻燥红土	465.96	265.76	141.30	82.72	0.00	955.74

续表

土种	等级					总计
	一级	二级	三级	四级	五级	
重咸田	168.82	383.22	68.58	121.02	0.00	741.63
轻咸田	2216.52	579.03	301.37	191.64	0.00	3288.57
中咸田	0.00	0.00	44.62	379.82	0.00	424.45
海积燥红土	4625.39	469.79	3071.03	1291.54	17.46	9475.21
燥沙泥地	0.00	238.85	73.61	45.53	19.82	377.82
灰漂滨海沙质田	1782.63	864.17	1018.11	619.66	23.98	4308.56
滨海沙泥田	5089.39	3663.22	1335.20	355.08	53.57	10496.45
潮沙质地	654.13	5614.96	1979.75	649.30	58.12	8956.26
灰漂麻赤沙泥田	373.05	0.00	648.13	146.75	67.48	1235.40
冲积沙泥田	0.00	0.00	160.23	488.26	85.06	733.56
冲积沙质田	0.00	54.78	106.59	68.02	90.33	319.72
页赤红壤	0.00	0.00	0.00	0.00	91.08	91.08
麻褐沙泥地	0.00	37.41	2262.42	1099.10	95.73	3494.65
潮沙泥地	5549.97	3787.91	4076.28	1376.18	126.02	14916.36
滨海沙土	8779.24	5090.37	4060.03	4243.23	158.73	22331.60
页赤沙泥地	0.00	85.62	1302.74	988.39	164.06	2540.81
灰漂燥红沙泥田	0.00	39.32	256.97	417.50	171.14	884.94
潮沙泥田	16828.39	9642.21	5475.62	845.88	219.77	33011.88
灰漂燥红沙质田	473.29	1307.78	1244.05	830.38	223.77	4079.27
冷底田	66.23	590.53	465.43	169.57	232.59	1524.35
麻褐赤沙坭田	0.00	106.68	1122.75	467.91	264.19	1961.52
页赤沙质田	33.19	381.48	895.36	255.32	352.98	1918.32
青底麻赤沙泥田	0.00	37.92	124.11	137.75	363.76	663.55
麻赤沙质田	317.34	1314.69	4567.63	1965.64	373.04	8538.34
燥红沙泥田	1165.72	2218.26	3160.66	2781.56	374.04	9700.23
滨海沙质田	631.30	1303.31	491.38	719.64	558.55	3704.18
安褐赤土	0.00	0.00	0.00	0.00	633.65	633.65
麻赤沙地	586.66	245.51	2986.68	1441.13	861.16	6121.14
麻褐土	181.77	942.33	2114.89	707.58	1141.66	5088.22
粗骨性麻赤土	152.78	176.02	2437.16	570.62	1202.74	4539.32
燥红沙质田	1091.55	2331.83	1976.26	812.99	1486.56	7699.18

续表

土种	等级					总计
	一级	二级	三级	四级	五级	
滨海沙地	3264.81	5436.50	6047.86	4164.01	1630.52	20543.69
麻赤沙泥田	2916.64	5289.54	11486.46	6452.49	1637.49	27782.63
页赤沙坭田	282.07	1829.56	6286.53	6481.13	1993.47	16872.77
麻赤红壤	0.00	28.27	732.42	200.50	2757.87	3719.06
麻赤沙泥地	1632.95	1656.06	4058.44	4352.81	3659.17	15359.43
燥沙质地	9961.58	27105.48	32780.61	23913.30	4093.44	97854.41
麻赤土	6920.86	13712.70	33531.33	15567.48	5829.98	75562.35
页赤土	0.00	0.00	4806.15	8419.61	10659.77	23885.53
总计	79937.95	97906.63	149281.61	93821.06	41772.75	462720.00

（二）乐东县各镇耕地地力等级划分

乐东县各镇耕地地力等级划分结果如表 5-8 所示，全县耕地一级、二级、三级、四级和五级的面积分别占总面积的 17.04%、21.29%、32.18%、20.51%和 8.98%，全县耕地质量总体上处于中上水平。主要为二级、三级和四级地，这三级之和占全县耕地总面积的 73.98%，主要分布在谷底平原、平原和山麓平原地区。

表 5-8 乐东县各镇耕地地力等级划分结果　　　　　　　　　　单位：亩

乡镇	等级					总计
	一级	二级	三级	四级	五级	
抱由镇	757.38	3716.91	20481.36	18746.09	13228.37	56930.11
大安镇	927.82	1694.47	13657.98	16308.51	10548.29	43137.06
佛罗镇	11369.04	12416.88	10638.60	8451.18	774.58	43650.28
黄流镇	9579.34	9979.35	10824.57	11606.63	1154.22	43144.12
尖峰镇	1744.50	8662.04	11941.95	11579.98	3395.92	37324.41
九所镇	32179.64	34589.73	21731.07	4082.46	197.49	92780.39
利国镇	9988.30	8694.80	17122.48	9548.33	6858.22	52212.13
千家镇	2977.15	7433.92	19144.34	4859.69	2815.68	37230.78
万冲镇	5303.36	7863.66	10516.66	3747.53	1145.52	28576.72
莺歌海镇	1185.67	0.00	294.22	0.00	0.00	1479.89
志仲镇	2846.95	3464.07	12545.10	5958.32	1439.38	26253.82
合计	78859.15	98515.84	148898.33	94888.72	41557.67	462719.71

1. 抱由镇

抱由镇耕地总面积 56930.11 亩。一级耕地面积为 757.38 亩，仅占该镇耕地总面积的 1.33%，主要分布在抱由镇的头塘村和三平村，土地利用类型主要为水田，也有部分旱地，地形以山麓平原为主。二级耕地面积为 3716.91 亩，占耕地总面积的 6.53%，主要分布在抱由村、保定村、头塘村和三平村等地，土地利用类型主要为水田，有部分为旱地，地形主要为山麓平原，也有少量谷地平原。三级耕地分布最广，面积为 20481.36 亩，占耕地总面积的 35.98%，主要分布在保定村、抱界村、抱湾村、抱由村、德霞村、多建村和永明村一带，土地利用类型主要为水田，也有部分旱地，地形主要为山麓平原，另有少量谷底平原和中坡度丘陵。四级耕地分布次之，面积为 18746.09 亩，占耕地总面积的 32.93%，主要分布在抱邱村、德霞村、多建村、番豆村、坡拉村、山容村和向阳村，土地利用类型为水田和旱地。五级耕地也有大量分布，面积为 13228.37 亩，占耕地总面积的 23.24%，主要分布在道介村、红水村、向阳村、延红村、佳西村、德霞村和多建村，土地利用类型为水田和旱地，地形主要为山麓平原和谷底平原，以及少量中坡度丘陵和高坡度丘陵。总体来看，由于三、四、五级地分布较广，整个抱由镇的耕地属于较低的地力水平。

2. 大安镇

大安镇耕地总面积 43137.06 亩，一级耕地面积为 927.82 亩，仅占整个耕地面积的 2.15%，主要分布在该镇的西黎村，土地利用类型主要为水田和旱地，地形全部为山麓平原。二级耕地面积 1694.47 亩，占该镇耕地总面积的 3.93%，主要分布在后物村、礼乐村、西黎村等地，土地利用类型主要为水田和旱地，地形主要为山麓平原和中坡度丘陵。三级耕地面积较大，达到 13657.98 亩，占耕地总面积的 31.66%，主要分布在昂外村、陈考村、后物村、加巴村、只纳村、万车村、南木村等地，土地利用类型主要为水田和旱地，地形以山麓平原和中坡度丘陵为主。四级耕地面积最大，达到 16308.51 亩，占耕地总面积的 37.81%，主要分布在昂外村、陈考村、大安村、大炮村、南木村、万车村和只朝村等地，土地利用类型以水田和旱地为主，地形主要为中坡度丘陵和山麓平原。五级耕地面积为 10548.29 亩，占耕地总面积的 24.25%，主要分布在昂外村、陈考村、大炮村、邱文村和万车村等地，土地利用类型为水田和旱地，地形主要为中坡度丘陵。三级和四级耕地占整个镇耕地的绝大部分，因此，该镇耕地地力总体处于中下水平。

3. 佛罗镇

佛罗镇耕地总面积 43650.28 亩，一级耕地面积为 11369.04 亩，占整个耕地总面积的 26.06%，主要分布在昌厚村、丰塘村、佛北村、福塘村和老孔村等地，土地利用类型主要为水田和旱地，地形为平原。二级耕地面积为12416.88亩，占耕地总面积的28.45%，主要分布在白井村、丹村、青山村和新安村一带，土地利用类型为水田和旱地，地形为平原。三级耕地面积为10638.60亩，占耕地总面积的24.37%，主要分布在白井村、丹村、青山村和新坡村一带，土地利用类型主要为旱地，也有部分水田，地形为平原。四级耕地面积为8451.18亩，占耕地总面积的19.36%，主要分布在白井村、丹村、青山村和新坡村等地，土地利用类型主要为旱地，也有部分水田，地形为平原和山麓平原。五级耕地面积为774.58亩，占耕地总面积的1.77%，主要分布在白井村和新坡村一带，土地利用类型为水田和旱地，地形为平原和山麓平原。由于佛罗镇的耕地一、二、三级比例相当，且前三等级的耕地占了总数的八成，因此佛罗镇的耕地整体来说地力水平处于中等偏上水平。

4. 黄流镇

黄流镇耕地总面积43144.12亩，一级耕地9579.34亩，占耕地总面积的22.20%，主要分布在抱一、赤命、佛老和黄西等村，土地利用类型主要为水田和部分旱地，地形以平原为主。二级耕地9979.35亩，占耕地总面积的23.13%，主要分布在抱一、赤龙、多二等村，土地利用类型主要为水田和旱地，地形为平原。三级耕地10824.57亩，占耕地总面积的25.09%，主要分布在抱一、赤龙、东孔、黄西、孔汶等村，土地利用类型主要为水田和旱地，地形以平原为主，另有少量山麓平原和中坡度丘陵。四级耕地11606.63亩，占耕地总面积的26.90%，主要分布抱一、抱二、东孔、孔汶、铺村等村，土地利用类型主要为水田和旱地，地形以平原为主，也有少量山麓平原和中坡度丘陵。五级耕地面积为1154.22亩，占耕地总面积的2.68%，主要分布在佛老和赖元等村，土地利用类型为水田和旱地，地形为平原、中坡度丘陵和高坡度丘陵。整体上看来，佛罗镇的耕地前四级比例相当，第五级极少，耕地地力属于中等偏上水平。

5. 尖峰镇

尖峰镇耕地面积37324.41亩，一级耕地1744.50亩，仅占耕地总面积的4.67%，主要分布在白沙和翁毛村等地，土地利用类型为旱地和水田，地形以平原为主。二级耕地8662.04亩，占耕地总面积的23.21%，主要分布在白沙、尖峰、山道和翁毛等村，土地利用类型主要为水田和旱地，地形主要为平原和山麓平原。三级耕地11941.95亩，占耕地总面积的32.00%，主要分布在白沙、凤田、黑眉、尖峰、山道和翁毛等村，土地利用类型为水田和旱地，地形为平原和山麓平原。四级耕地11579.98亩，占耕地总面积的31.03%，主要分布在白沙、长安、凤田、黑眉、红湖、岭头和山道等村，土地利用类型主要为水田和旱地，地形以平原为主，也有少量山麓平原。五级耕地3395.92亩，占耕地总面积的9.10%，主要在黑眉、红湖、尖峰和岭头等村有少量分布，土地利用类型基本为旱地和水田，也有部分旱地，地形以平原和高坡度山地为主，也有少量山麓平原。综合来看，尖峰镇耕地三级、四级居多，因此，该镇地力水平中等。

6. 九所镇

九所镇耕地面积92780.39亩，为乐东耕地最多的乡镇。一级耕地有32179.64亩，占耕地总面积的34.68%，主要分布于抱浅、抱旺、赤塘、冲坡、罗马、十所、四所、新庄和中灶等村，土地利用类型为水田和旱地，地形为平原。二级耕地34589.73亩，占耕地总面积的37.28%，主要分布在抱浅、抱旺、抱荀、赤塘、冲坡、海坡、镜湖、九所、山脚、十所、塘丰、新庄和中灶等村，土地利用类型主要为水田和旱地，地形以平原为主，也有少量山麓平原。三级耕地面积为21731.07亩，占耕地总面积的23.42%，主要分布在抱浅、抱荀、赤公、镜湖、山脚、十所、新贵和新庄等村，土地利用类型为水田和旱地，地形为平原、山麓平原和中坡度丘陵。四级耕地4082.46亩，仅占耕地总面积的4.40%，在抱浅、抱荀、赤公和镜湖等村有少量分布，土地利用类型以旱地为主，也有部分为旱地和水田，地形主要为平原、和山麓平原，以及少量中坡度丘陵。五级耕地197.49亩，占耕地总面积0.49%，主要分布在抱荀村、乐四村和山脚村等地，土地利用类型主要为水田和旱地，地貌类型主要为山麓平原。

7. 利国镇

利国镇耕地总面积52212.13亩，一级耕地有9988.30亩，占耕地总面积的19.13%，主要分布在官村、荷口村、望楼村、新联村、羊上村等地，土地利用类型主要为水田，地貌类型主要为平原。二级耕地有8694.80亩，占耕地总面积的16.65%，主要分布在抱岁村、荷口村、新民村和球港村。三级耕地有17122.48亩，占耕地总面积的32.79%，主要分布在红五村、茅坡村、新民村、新联村和球港村，土地利用类型为水田和旱地，地貌类型主要为平原和山麓平原。四级耕地有9548.33亩，占耕地总面积的18.29%，主要分布在抱岁村、官村、荷口村、新联村和红五村，土地利用类型主要为旱地，也有部分为水田，地貌类型主要为平原、山麓平原和丘陵。五级耕地有6858.22亩，占耕地总面积的13.14%。

8. 千家镇

千家镇耕地总面积为37230.78亩，一级耕地有2977.15亩,占耕地总面积的8%，主要分布在福报村、永益村、郎益村、汉小村、中灶村和青岭村，土地利用类型为旱地，地貌类型主要为山麓平原。二级耕地有7433.92亩，占耕地总面积的19.97%，主要分布在永益村、郎益村、福报村、抱郎村，土地利用类型主要为水田，也有部分为旱地，地貌类型主要为山麓平原。三级耕地有 19144.34 亩，占耕地总面积的51.42%。四级耕地有 4859.69 亩，占耕地总面积的 13.15%，主要分布在只文村、永益村、千家村、前号村和温仁村，土地利用类型主要为水田和旱地，地貌类型主要为山麓平原和中坡度丘陵。五级耕地 2815.68 亩，占耕地总面积的 7.56%，主要分布在温仁村、抱伦村和前号村，土地利用类型主要为旱地，也有部分水田，地貌类型主要为中坡度丘陵。

9. 万冲镇

万冲镇耕地总面积为 28576.72 亩。一级耕地有 5303.36 亩，占耕地总面积的 18.56%，主要分布在山明村、万冲村、三人村、南流村和抱隆村，土地利用类型主要为旱地，地貌类型为山麓平原。二级耕地有 7863.66 亩，占耕地总面积的 27.52%，主要分布在三平村、万冲村、排慎村和抱隆村，土地利用类型主要为水田，也有部分旱地，地貌类型主要为山麓平原。三级耕地有 10516.66 亩，占耕地总面积的 36.80%，主要分布在万冲村、南班村、卡法村、保派村和德崖村等地，土地利用类型主要为水田，部分为旱地，地貌类型主要为山麓平原和谷底平原。四级耕地有 3747.53 亩，占耕地总面积 13.31%，主要分布在国强村、德崖村、保派村和三人村等地，土地利用类型主要为水田和旱地，地貌类型主要为谷底平原和中坡度丘陵。五级耕地有 1145.52 亩，占耕地总面积的 4.01%，主要分布在友谊村、国强村、德崖村等地，土地利用类型主要为旱地。地貌类型主要为谷底平原和高坡度山地。

10. 莺歌海镇

莺歌海镇耕地总面积为 1479.89 亩。一级耕地有 1185.67 亩，占耕地总面积的 80.12%。主要分布在新兴村、莺一村和莺三村，土地利用类型为旱地和水田，地貌类型主要为平原。三级耕地有 294.22 亩，占耕地总面积的 19.88%，主要分布在新兴村和新一村，土地利用类型都为旱地，地貌类型为平原。

11. 志仲镇

志仲镇耕地总面积为 26253.82 亩。一级耕地有 2846.95 亩，占耕地总面积的 10.84%，主要分布在保脱村、多元村、志强村、塔丰村和保国村，土地利用类型主要为旱地和水田，地貌类型平原、丘陵和山地都有分布。二级耕地有 3464.07 亩，占耕地总面积的 13.19%，主要分布在成栋村、保脱村、塔丰村和保国村等地，土地利用类型主要为水田，也有部分为旱地，地貌类型主要为山麓平原和中坡度丘陵。三级耕地有 12545.10 亩，占耕地总面积的 47.78%，主要分布在志强村、保国村、成栋村和志仲村，土地利用类型主要为水田，也有部分为旱地，地貌类型主要为中坡度丘陵。四级耕地有5958.32亩，占耕地总面积的22.70%，主要分布在志强村、奋赛村、保脱村、谭培村等地，土地利用类型主要为旱地和水田，地貌类型为中坡度丘陵和高坡度山地。五级耕地有1439.38亩，占耕地总面积的5.48%，主要分布在保脱村、多元村、保国村和志强村，土地利用类型主要为旱地和水田，地貌类型主要为中坡度丘陵和高坡度山地。

第二节 耕地地力等级描述

按照耕地地力综合指数分级方案对每一个评价单元进行等级划分，并按累积曲线法将乐东县耕地分为五级，并通过调查将耕地地力综合指数转换为概念性产量，用县耕地地力一至五级分别对应于全国耕地地力等级体系的四至八级，评价结果表明乐东县耕地地力处于中下水平。现对各级耕地的面积分布情况和主要分布特点加以描述。

一、一级地

（一）面积与分布

乐东县一级耕地总面积为78859.15亩，占耕地总面积的17.04%。一级地在全县11个镇均有一定面积的分布，其中九所镇和佛罗镇的分布面积最大，分别为32179.64亩和11369.04亩，分别占一级地总面积的40.81%和14.42%；利国镇面积次之，为9988.30亩，占一级地总面积的12.67%。

（二）主要特点

乐东县一级地主要分布在滨海的平原、台地以及宽谷冲积阶地一带，土壤质地适中地区，灌溉条件优越的河流两岸。土壤类型以潮沙泥田、燥沙质地、滨海沙土和麻赤土等土种为主。成土母质主要以砂页岩风化物、浅海沉积物以及花岗岩风化物为主，耕层厚度在0～20cm，坡度为0～3.4°。

全县一级地土壤养分情况统计结果如表5-9所示。其土壤全氮含量为0.18～3.74g/kg，平均含量为1.11g/kg，标准差为0.50；土壤pH在2.80～8.70范围分布，平均值为5.42，标准差为0.89；土壤有机质含量范围为9.10～74.00g/kg，平均值为25.42g/kg，标准差为9.98；土壤有效磷含量范围为0.70～351.40mg/kg，平均值37.33mg/kg，标准差为44.07；土壤速效钾含量为10.00～619.00mg/kg，平均值为

111.57mg/kg，标准差为 91.09；土壤交换性镁含量范围为 0.20～473.70mg/kg，平均值为 89.09mg/kg，标准差为 69.26。

在利用方式上，主要以种植双季稻和晚稻-冬春瓜菜轮作为主，丘陵区以种植双季稻或稻-菜轮作为主。作物产量相对较高，一般水稻年亩产在 600～700kg。

表 5-9　一级地土壤养分统计表

项目	平均	最大值	最小值	标准差
有机质/（g/kg）	25.42	74.00	9.10	9.98
有效磷/（mg/kg）	37.33	351.40	0.70	44.07
速效钾/（mg/kg）	111.57	619.00	10.00	91.09
pH	5.42	8.70	2.80	0.89
全氮/（g/kg）	1.11	3.74	0.18	0.50
交换镁/（mg/kg）	89.09	473.70	0.20	69.26

二、二级地

（一）面积与分布

乐东县二级耕地总面积为 98515.84 亩，占耕地总面积的 21.29%。除莺歌海镇外，其余 10 个镇均有分布，其中九所镇和佛罗镇分布面积最大，分别为 34589.73 亩和 12416.88 亩，分别占二级地总面积的 35.11%和 12.60%；黄流镇面积稍小，为 9979.35 亩，占 10.13%。

（二）主要特点

乐东县二级地主要分布在河流两岸的河流冲积宽谷阶地和平原一带，其成土母质主要是砂页岩风化物、浅海沉积物和花岗岩风化物，土壤类型以燥沙质地、麻赤土、潮沙泥田、潮沙质地、滨海沙地、麻赤沙泥田、滨海沙土为主，耕层厚度在 0～20cm。

全县二级地土壤养分统计结果如表 5-10 所示。其土壤全氮含量范围为 0.12～3.74g/kg，平均含量为 0.94g/kg；土壤 pH 在 3.70～8.70 范围分布，平均值为 5.37；土壤有机质含量范围为 8.1～63.00g/kg，平均值为 16.90g/kg；土壤有效磷含量范围 0.1～329.50mg/kg，平均值 30.92mg/kg；土壤速效钾含量范围为 4.00～482.00mg/kg，平均值为 72.52mg/kg；土壤交换性镁含量范围为 0.40～420.80mg/kg，平均值为 88.88mg/kg。

在利用方式上，地势较平坦地区应以晚稻-冬春瓜菜为主，丘陵区以种植双季稻或稻-菜轮作为主。作物产量相对较高，一般水稻年亩产在 550～650kg。

表 5-10　二级地土壤养分统计表

项目	平均	最大值	最小值	标准差
有机质/（g/kg）	16.90	63.00	8.1	7.75
有效磷/（mg/kg）	30.92	329.50	0.1	42.01
速效钾/（mg/kg）	72.52	482.00	4.00	55.68
pH	5.37	8.70	3.70	0.69
全氮/（g/kg）	0.94	3.74	0.12	0.43
交换镁/（mg/kg）	88.88	420.80	0.40	73.40

三、三级地

（一）面积与分布

乐东县三级耕地总面积为148898.33亩，占耕地总面积的32.18%。三级地是全县最主要的耕地，分布面积最广，各乡镇均有分布，其中以九所镇、抱由镇、千家镇和利国镇分布最广，分别为21731.07亩、20481.36亩、19144.34亩和17122.48亩，占三级地总面积的14.59%、13.76%、12.86%和11.50%。只有莺歌海镇三级地面积分布较少，为294.22亩，占三级耕地总面积的0.20%。

（二）主要特点

乐东县三级地主要分布在丘陵区的丘间洼地、低丘坡麓的中下部以及滨海平原区。成土母质以砂页岩风化物、浅海沉积物、花岗岩风化物为主。土壤类型主要为麻赤土、燥沙质地和麻赤沙泥田。耕层厚度在0～22cm，平均值为14.29cm。

全县三级地土壤养分统计结果如表5-11所示。其耕层养分含量属中等水平，土壤全氮含量范围为0.01～3.74g/kg，平均值为0.82g/kg；土壤pH在3.70～7.80范围内分布，平均值为5.35；土壤有机质含量范围为2.60～63g/kg，平均值为14.81g/kg；

表 5-11　三级地土壤养分统计表

项目	平均	最大值	最小值	标准差
有机质/（g/kg）	14.81	63.00	2.60	6.71
有效磷/（mg/kg）	28.19	301.1	0	41.33
速效钾/（mg/kg）	56.44	601.00	3.00	55.40
pH	5.35	7.80	3.70	0.63
全氮/（g/kg）	0.82	3.74	0.01	0.39
交换镁/（mg/kg）	78.76	473.70	0.20	68.06

土壤有效磷含量范围为 0～301.1mg/kg，平均值为 28.19mg/kg；土壤速效钾含量范围为 3.00～601.00mg/kg，平均含量为 56.44mg/kg；土壤交换性镁含量范围为 0.20～473.70mg/kg，平均值为 78.76mg/kg。

在利用方式上，主要以种植双季稻和晚稻-冬春瓜菜轮作为主，水稻产量一般在年亩产 450～550kg 之间。

四、四级地

（一）面积与分布

乐东县四级耕地总面积为 94888.72 亩，占全县耕地总面积的 20.51%。除莺歌海镇外，其余 10 个镇均有分布，其中以抱由镇和大安镇分布较广，分别为 18746.09 亩和 16308.51 亩，分别占四级耕地总面积的 19.76%和 17.19%。

（二）主要特点

乐东县四级地主要分布在低丘坡麓的中下部以及滨海平原区地势较低平一带。坡度范围 0～16.5°，平均坡度为 1.05°。成土母质以花岗岩风化物、浅海沉积物、砂页岩风化物和河流冲积物为主。土壤类型主要为燥沙质地、麻赤土和页赤土。耕层厚度在 0～20cm，平均值为 12.94cm。

全县四级地土壤养分统计结果如表 5-12 所示。其耕层养分含量水平一般，土壤全氮含量范围为 0.01～3.38g/kg，平均值为 0.71g/kg；土壤 pH 在 3.90～7.80 范围内分布，平均值为 5.41；土壤有机质含量为 1.30～63.00g/kg，平均值 10.93g/kg；土壤有效磷含量范围为 0.10～301.1mg/kg，平均值 28.75mg/kg；土壤速效钾含量为 2.00～311.00mg/kg，平均值为 50.94mg/kg；土壤交换性镁含量为 0.20～473.70mg/kg，平均值为 78.84mg/kg。

在利用方式上，主要以种植双季水稻和晚稻-冬春瓜菜轮作为主，一般水稻年亩产在 630～720kg 之间。

表 5-12 四级地土壤养分统计表

项目	平均	最大值	最小值	标准差
有机质/（g/kg）	10.93	63.00	1.30	5.21
有效磷/（mg/kg）	28.75	301.1	0.10	38.76
速效钾/（mg/kg）	50.94	311.00	2.00	54.58
pH	5.41	7.80	3.90	0.66
全氮/（g/kg）	0.71	3.38	0.01	0.36
交换镁/（mg/kg）	78.84	473.70	0.20	84.68

五、五级地

(一) 面积与分布

乐东县五级耕地面积为41557.67亩，占总耕地面积8.98%。除莺歌海镇外，其余10个镇均有分布，其中抱由镇和大安镇分布最广，面积为13228.37亩和10548.29亩，分别占到了五级耕地总面积的31.83%和25.38%；九所镇五级地面积分布较少，只有197.49亩，占五级耕地总面积的0.48%。

(二) 主要特点

乐东县五级地主要分布于高坡度山地、低丘坡麓的中上部一带，基本为望天田或旱地。坡度0~10.9°，平均值为1.81°。土壤类型以页赤土为主，少部分为麻赤土、燥沙质地、麻赤沙泥地、麻赤红壤等土种类型。成土母质主要为砂页岩风化物、浅海沉积物、花岗岩风化物。耕层厚度在0~20cm，平均为12.63cm。

全县五级地土壤养分统计结果如表5-13所示。其耕层养分含量水平一般，土壤全氮含量范围为0.07~2.05g/kg，平均值为0.65g/kg；土壤pH在3.90~7.90范围内分布，平均值为5.26；土壤有机质含量范围为2.00~27.40g/kg，平均值为11.05g/kg；土壤有效磷含量范围为0.10~329.50mg/kg，平均值18.63mg/kg；土壤速效钾含量范围为0~411.00mg/kg，平均值31.92mg/kg；土壤交换性镁含量范围为0.20~283.70mg/kg，平均值为53.57mg/kg。

表5-13 五级地土壤养分统计表

项目	平均	最大值	最小值	标准差
有机质/(g/kg)	11.05	27.40	2.00	4.10
有效磷/(mg/kg)	18.63	329.50	0.10	33.06
速效钾/(mg/kg)	31.92	411.00	0	39.59
pH	5.26	7.90	3.90	0.52
全氮/(g/kg)	0.65	2.05	0.07	0.35
交换镁/(mg/kg)	53.57	283.70	0.20	52.99

第三节 评价结果与全国耕地地力等级体系

一、全国耕地地力等级体系

1997年实施的《全国耕地类型区、耕地地力等级划分》(NY/T 309—1996)，将全国耕地按具有农业土壤类型、气候条件、土地利用特征共性的特定区域和范围划分为七大类型区,并根据耕地基础地力不同所构成的生产能力,将全国耕地分为十个地力等级。其粮食单产水平为大于900kg/亩至小于100kg/亩,级差100kg/亩,即一级地为大于900kg/亩、二级地800～900kg/亩、三级地700～800kg/亩、四级地600～700kg/亩、五级地500～600kg/亩、六级地400～500kg/亩、七级地300～400kg/亩、八级地200～300kg/亩、九级地100～200kg/亩、十级地小于100kg/亩。

通过以全年粮食产量水平作为引导因素,将耕地引入不同的地力等级中,确立七个耕地类型区的地力等级范围,作为全国耕地不同等级面积统计的统一标准。

二、评价结果归入全国耕地地力等级体系

依据《全国耕地类型区、耕地地力等级划分》(NY/T 309—1996),归纳整理各级耕地地力要素主要指标,形成与粮食生产能力相对应的地力等级,并将各等级耕地归入全国耕地地力等级体系。

耕地地力等级是耕地潜在生产能力的描述。耕地基础地力是由耕地的地形、地貌、成土母质特征、农田基础设施及培肥水平、土壤理化性状等综合构成的耕地生产能力。计算耕地潜在生产能力,需要对每一地块的潜在生产能力指标化。我国建立了耕地地力等级与生产能力之间的关系,建立了全国统一的耕地地力等级。

分析我国耕地的最高生产能力和最低生产能力之间的差距,按100kg/亩的级差切割成十个地力等级,作为全国耕地地力等级的最终指标化标准。乐东建立指标化分级和全国统一耕地地力等级的对应关系,结果如表5-14所示。目的在于对评价结

表5-14 耕地地力综合评价结果与地力等级体系划分结果比较

全国等级	本次评价	生产能力/(kg/亩)
一级	一级	≥900
二级	一、二、三级	800～900
三级	三、四级	700～800
四级	四、五级	600～700
五级	五级	500～600
六级	五级	400～500
七级	五级	300～400
八级		200～300
九级		100～200
十级		≤100

注:表中生产能力以水稻产量(kg/亩)表示。

果进行汇总，计算全国、各省及各县的耕地人口承载能力。

两种耕地地力等级划分的结果差异较大。可能的原因如下：一是由于乐东县近年来水稻种植以优质稻为主，其产量相对偏低；二是由于农民的经济能力、文化水平、思想意识以及采用的技术措施不同，对耕地的实际产量影响很大，适当的栽培管理措施能够在地力较差的土壤上获得较高的产量，反之，不恰当的人为因素可能会限制耕地地力的发挥，获得较低产量；三是乐东县近年来反季节瓜菜大量种植，轮作制度以晚稻-冬春瓜菜为主，由于瓜菜的品种不同，价格也不同，统计产值上存在差异。

第六章　耕地地力调查与质量评价的应用研究

耕地地力调查与质量评价是继第一次、第二次土壤普查以后，全面掌握耕地资源现状，为因地制宜、合理利用现有耕地资源提供依据的一项重要工作。此次耕地地力质量评价成果的有效、合理利用，对农业结构调整及无公害农产品生产宏观调控，确保全县农业可持续发展，促进农业增效、农民增收均有现实的实践及指导意义。

第一节　种植业结构调整

一、种植业结构概况

乐东县是海南省重要的农业大县，户籍人口54.72万人，土地面积2765.53km^2。改革开放以来，乐东县农业和农村经济取得了较大的发展，农业经济总量迅速扩大，实力明显增强，逐步发展成为海南的主要农产品产地之一。但是，由于没有全面地对农业和农村经济结构进行战略性调整，乐东县一直没有从根本上摆脱传统农业模式的束缚，得天独厚的自然优势尚未得到充分发挥，高产、优质、高效的热带农业没有得到充分的发展，农业生产结构不合理，生产规模偏小、总量不足，农产品品质不优、品种雷同、科技含量少、加工转化率低，农业生产组织程度低，社会化服务体系不健全，农村市场发育不充分，农业基础设施建设滞后等深层次的问题和矛盾也日益显露出来，制约了乐东县农业和农村经济的进一步发展。随着农产品由长期供不应求转变为阶段性、结构性供过于求，市场对农产品的需求愈来愈趋于优质化和多样化，特别是市场经济的逐步发展完善和对外开放步伐的加快，加速了农产品市场的国际化，市场竞争日趋激烈，向乐东县农业和农村经济提出了更为严峻的挑战和考验。

近年来，面对新形势、新情况、新问题，乐东县实事求是地制定了农业产业结构调整的工作思路。以农业供给侧结构性改革为主线，加强政府扶持和指导力度，以促进农业品牌化、无害化、标准化、规模化、效益化发展为总抓手,沿海在巩固瓜菜种植业的基础上,扩大大棚蜜瓜、花卉、火龙果等设施农业发展规模,有效推进农业产业标准化、无害化、品牌化发展;山区在巩固天然橡胶产业的基础上,扩大瓜菜、芒果、龙眼、槟榔、毛豆、火龙果、金菠萝等热带特色农业。全县南繁制育种面积11万亩,其中划定南繁保护区8.8万亩(南繁科研育种核心区2.3万亩),是海南省重要的三大南繁育种基地之一。冬季瓜菜收获面积40万亩,产量约58万吨,85%的冬季产品销往岛外。启动实施"中小大"示范工程即发展中心城镇、小康村、专业大户,形成区域化布局、规模化生产、专业化分工、企业化管理、社会化服务、市场化经营的生产经营管理体制,全面提高农业整体素质,实现由农业经济大县向农业经济强县的历史性跨越。

乐东县耕地资源有限,仅以粮食生产为主的农业生产发展空间不大,必须充分发挥自然条件发展优势,发挥生产潜力,因地制宜,做到因土种植、因土施肥、因土灌溉、因土耕作、因土改良,避免农业生产上的盲目性。遵照自然规律,调整农业结构,做到宜果则果、宜瓜则瓜、宜菜则菜、宜林则林、宜牧则牧。在山区、丘陵地区主要发展热带水果、热带经济作物等,如橡胶、龙眼、槟榔、荔枝、芒果等;在沿海地区主要发展反季节瓜菜、香蕉、哈密瓜、水稻、西瓜、木瓜等。推进传统农业向现代农业转变,带动农村经济全面发展。因此,开展耕地地力调查与质量评价工作,了解耕地质量状况,指导种植业结构的调整具有十分重要的现实意义。

二、种植业的生产现状

(一)由以种粮为主向多种经营模式转变

进入20世纪90年代后,乐东县改变了过去以种粮为主的单一种植结构,转变为以市场为导向,以增加农民收入为目标,发展多元化的农业结构模式,拓宽致富门路,推进农村经济全面发展。粮食与经济作物种植面积比例从建省前的7:3左右转变为2007年的5.5:4.5左右。通过对种植业结构的调整,拓宽农民致富门路,农民收入明显增加,物质生活水平显著提高,农村面貌焕然一新。

(二)产业化格局和区域优势逐渐结合

乐东县农业发展经过多年的探索和实践,因地制宜,突出区域优势,发展多种经济作物,改变过去以种粮为主的单一结构,以经济效益为中心,以市场为导向,以增加农民收入为目标,积极打造区域性农产品,发展具有地方特色的农业。乐东县种植业产业化的格局已基本形成。

（三）经济效益提高，农民收入增加

农业结构调整，反季节瓜菜、热带水果、热带经济作物种植面积大幅增加，农业结构形成多元化，种植业经济效益大幅提高，农民收入逐年增长。

三、种植业存在的问题

（一）地力资源优势不明显

此次调查结果表明，乐东县一级土壤比例小，最好的且面积较大的耕地土壤主要是三级地和四级地，热带经济作物主要分布在第四级以下的土壤上，作物的生物学性状不能完全表现，产量和品质都会受到不同影响。而这点又不容易被农民所认识到，因而忽视了耕地地力对作物产量及品质的贡献作用。平衡施肥和培肥地力意识差，地力资源优势不能充分发挥作用。

（二）农业结构优化不足

近年来，乐东县政府十分重视农业结构调整，但产业化程度不高，一些农民还存在小农意识。由于利益的驱动，别人种什么自己也种什么，一哄而上，不顾市场需求，不了解市场信息，遇到供过于求时，农产品销售不出去，丢失在田间地头，造成很大的经济损失。此外，由于农民耕作水平不高，不能科学施肥，产生了一些生理性病害，由抗逆能力差引发了一些病虫害，从而加大了农药的需用量，导致农产品无论是外观品质、口感品质、卫生品质、营养品质，还是贮藏保鲜品质都受到了不同程度的影响，削弱了市场竞争力。因此，要进一步优化农业结构和提高整体耕作水平，增强农产品竞争力。

四、种植业的发展方向和目标

（一）种植业的发展方向

因地制宜，充分发挥区域资源优势，重视调整农业结构，尤其是品种结构调整，培育具有区域特色优势品种，打造新品牌。逐步发展成为规模化生产、产业化经营、企业化管理农业结构模式。强调农产品深加工，增加附加值，创造更高的经济效益。做到在农业持续快速发展的同时，注意保护生态环境，使之具备发展无公害农业、绿色农业、有机农业的条件，实现农业增效、农民增收和可持续发展的目标。

（二）种植业的发展目标

1. 近期目标

根据此次调查，了解耕地质量状况，制定增肥地力的方案，保证耕地环境质量，提高农产品单产及品质，增强市场竞争力，开发新品种，打造新品牌。重点培育农业龙头企业，通过农业龙头企业的带动和影响，鼓励和引导农民发展有区域特色的农产品。农业龙头企业给农民提供优质种子或种苗、资金、管理技术，以保护价收购农产品，保护农民的利益，减少市场风险，调动农民积极性。农民则按企业管理技术进行管理，企业派专业技术跟踪检查，提高农民的整体耕作水平。

2. 中期目标

农民直接产出农产品，会受到市场同类农产品的冲击，价格波动幅度大，往往会增产不增收，严重挫伤农民发展农业的积极性。通过农产品深加工，增加附加值，扭转农产品难卖的被动局面，切实保护农民的利益。推进农业生产向专业化、规模化、标准化、现代化的方向发展。

3. 长期目标

发展"名、优、特、高科技"的农产品，参与国际市场竞争，争取出口创汇，创造更好的经济效益。农业发展从无公害农业向绿色农业、有机农业、生态农业、现代农业转变。农作物的管理水平达到实现耕整机械化、收获机械化、植保机械化、机电排灌机械化的水平。

五、种植业结构调整的原则

乐东县在对种植业结构进行调整时，按照五大不同地貌类型，因地制宜，合理规划。在农业区域布局上，宜农则农、宜果则果、宜林则林。按照耕地地力评价的地力等级标准，及其在各个地貌单元中所代表面积的众数数值衡量，以适宜作物发挥最大生产潜力来布局，将高产高效作物布置在一级至四级耕地。中低产田合理改良，以满足结构调整需求。按照土壤环境质量评价结果，结合面源污染及点源污染、土壤分布及污染程度，确定绿色无公害优质农产品的区域性布局。

(一) 效益优先，兼顾环境

遵循市场规律，以市场为导向，经济效益为中心，科学技术为依托，充分发挥区域优势，发展地区特色优势品种。农业结构调整要有利于生产力的发展，禁止破坏生态环境和造成水土流失，遏制地力下降。做到既能促进农业产业化升级，又能保护自然环境。

(二) 因地制宜，合理布局

根据乐东县各乡镇的区位优势和资源特点，按照"比较效益最大化，生态平衡最小化"的目标要求，根据地形地貌、气候条件、土壤植被等生产条件差异，从沿海地区到山区，可将农业发展空间划分为四个区域并进行优化结构调整。具体为：①沿海平原瓜菜农业区。地处乐东县西南沿海，包括九所、利国、黄流等镇的全部或部分。本区的耕作条件良好，农业耕作水平相对较高，是最重要的水稻、玉米种业、高品粮、反季节瓜菜的重要产区。②沿海岸线海洋渔业区。地处乐东县沿海岸线，包括莺歌海、望楼港、岭头村等，以渔业为主，在 84.3km 的海岸线中有多处河流入海口和大量滩涂，是有利于发展远洋捕捞、海水养殖业的产区。③缓坡台地热带水果区。地处乐东县西南与中部的缓坡地区，包括尖峰、佛罗等全部或部分，以种植香蕉、芒果、哈密瓜为主的热带水果主要产区。④丘陵盆地天然橡胶与畜牧区。地处乐东县中部，包括抱由、万冲、千家、志仲、大安的全部或部分，植胶条件好，宜胶宜林，是乐东县最重要、最集中的橡胶生产区，也是发展黑山羊、高峰羊、家禽（五指山鸡、林养鸡）等畜牧产区。

(三) 推进农业科技创新，重视农业技术推广

大力扶持农业科技创新、技术推广和培训，利用农业高新技术改造传统农业，建立健全以科技服务和信息服务为重点的农业社会化服务体系。发展良种繁育产业，加快优良品种的引进、改良和推广，实现农业生产良种化。推荐精品农业，推广节水农业，高效利用农业资源。充分利用各类农业生产示范基地，围绕推广高新实用技术，加大农民的培训力度。

(四) 加强基础设施建设，提高抵御灾害能力

重点搞好病危水库维修加固除险工程，提高水库安全标准，减轻防港防汛压力；加强基本农田综合整治，重点突出排涝工程建设，巩固发展防护林带，最大限度地减少自然灾害的损失。

(五) 加强政府引导职能，落实党的相关政策

深化农村各项改革，促进农业增产和农民增收及农村社会稳定，稳定以家庭承包经营为基础，统分结合的双层经营体制，积极探索建立土地流转机制，规范农村集体土地使用权的流转行为，推进土地适度规模经营。推进农业服务组织创新，鼓励和引导发展各类由农民自愿参与、代表农民利益的各类农业协会和农民合作组织，培育有竞争力的农业市场主体。加强农业法制教育，开展农业执法检查，促进规范行业管理，杜绝伪劣农业生产资料进入流通渠道坑害农民，为发展农业生产创造良好的法制环境。

六、种植业结构调整的对策及建议

农民增收，农村经济的发展离不开农业的发展，在确保稳定粮食生产的基础上，发展多种经济作物，调整和优化种植业生产结构，充分发挥各区域的自然资源优势，尤其是土地资源优势，因地制宜，依托科学技术，提高农产品的科技含量，增强市

场竞争力。体现出农业结构战略性调整，带动农村经济发展的作用。

(一) 加强领导，确保农业产业结构调整措施到位

农业产业结构调整是一项长期性、复杂性、艰巨性的工作，必须加强各级党委、政府的组织和引导，实实在在抓落实。乐东县经济工作会议和县委常委（扩大）会议上提出"力争在沿海各镇建设 1～2 个 2000～4000 亩的设施农业示范基地"的目标，各镇政府统一思想，把发展设施农业作为实现农业产业结构调整的重要举措，建立完善设施农业目标管理考核办法，做到统一规划，统一布局，以有力措施确保设施农业做大做强，形成产业，成为增加农民收入的有效途径。目前，全县形成乡镇主要领导亲自抓，分管领导具体抓设施农业的工作格局。

1. 深入实际，规划引导

乐东县领导班子成员分头深入全县各乡镇，进行了调查摸底，对土壤、水源、资金、技术等要素进行了科学的论证，对农业产业结构调整中可能出现的困难和问题进行了正确地估价，做到心中有数。针对起步阶段部分农民不愿调整、不敢调整、不会调整的实际，乐东县加强规划引导，突出"四个重点"。一是以党政机关事业单位为重点，充分发挥机关事业单位整体素质高、信息灵、门路广的优势，组织动员机关事业单位参与农业产业结构调整，采取"机关+农民"的方式引导农民调整产业结构。二是以农村干部为重点，把农业产业结构调整与农村基层组织建设结合起来，作为衡量村级组织战斗力强弱的重要尺度，鼓励农村党员干部带头为农民搞好示范，做给群众看，带着群众干。三是以城镇下岗职工为重点，把调整农业产业结构与实施再就业工程结合起来，鼓励、扶持下岗职工参与农产品流通，组建营销队伍，促进农业产业结构调整。四是以龙头企业为重点，大力招商引资，抓好外引内联，积极引进公司企业和种植大户，通过"公司+农民"的方式，帮助农民降低市场风险，引导带动农民调整。

2. 明确分工，狠抓落实

一是"一把手抓第一线"。乐东县成立了县农业产业结构调整领导小组，县委书记亲自挂帅，指定主管农业的副县长和分管乡镇企业的副县长具体抓。同时要求各级乡镇、村委会的"一把手"亲自抓农业产业结构调整，亲自过问，亲自办点示范、亲自部署安排，亲自指导抓落实。全县上下形成了"第一责任人"带头抓落实的工作局面。乐东县还按照任务细化、责任具体化的要求，把农业产业结构调整的总体目标分解为若干具体目标，从县到乡镇、从乡镇到农村，层层落实，严格检查督办和奖惩兑现，形成了一级抓一级、一级带一级、一级促一级的联动局面。二是实行重点带动。注重强化农业部门牵头抓的职能作用和宣传、政法、科技、计划等部门

的指导作用,定期召开职能部门联系会议,及时组织参观交流,加强协调服务。三是建立单位包点包村责任制。要求每个包点单位做到"五个一",即扶持创建一个专业村、建立一个种养生产基地、上马一个村办企业项目、启动一个生产促进村、每名机关干部扶持一个养殖专业户。

3. 转变作风,强化服务

乐东县建立县领导联系乡镇责任制,规定县四套班子领导成员每人联系一个乡镇、一个村委会、一个项目、一家企业、一个专业大户。县党政主要领导带头转变工作作风,县四套班子领导成员带头深入自己的联系点进行检查督促,帮助农民解决在产业结构调整中遇到的实际问题和困难,县领导吃住在农民家里。针对部分干部在产业结构调整中存在的虚报、浮夸问题,县领导拿着皮尺亲自到田间丈量香蕉种植面积,有效地刹住了浮夸风,统一了干群思想,保证了全县农业产业结构调整的顺利进行。

(二) 推进农业产业化经营

1. 调整优化种植业结构

继续巩固和发展冬季瓜菜、热带水果、南繁制种和天然橡胶四大支柱产业。依托与科研单位的强强联合,通过科技支撑,做强做精香蕉产业。做好"香蕉仙子"评选活动和香蕉哈尔滨推介会,进一步扩大"中国香蕉之乡""中国果菜无公害十强县"等品牌效应,积极创建 4000hm^2 香蕉全国绿色食品生产基地。以天然橡胶为主体,提高芒果、龙眼等热带经济作物生产的规模化、产业化水平。扩大豆角、西瓜、青瓜、尖椒等反季节拳头产品的规模,积极扶持山区发展瓜菜生产。大力发展以大棚哈密瓜、木瓜为主的现代设施农业和精致高效农业,形成产业规模,创建全省热带特色现代农业示范区和全国种子安全繁育基地。创办以金钱树为主的佛罗花卉大观园,推进精品休闲旅游现代农业园区建设。启动创建十村百园热带特色现代农业示范区,努力把我县建设成为全国重要的冬季菜篮子基地、热带水果基地、南繁育种基地和天然橡胶基地,以大农业促进大发展。

2. 建立龙头企业与农户之间的利益联动机制

探索龙头企业与农户利益共享、风险共担的经营机制,实现利益合理分配。鼓励龙头企业把农产品生产基地作为"第一车间",通过合同契约连接,与农户建立相对稳定的产销关系,发展"订单"农业。鼓励龙头企业通过建立风险基金,最低保护价收购,按农户出售产品的数量适当返还利润等多种方式与农户建立紧密型的利益联结关系。引导农民利用土地、劳工、技术和资金等要素入股,采取股份制、股份合作制等形式,与龙头企业形成利益共同体。

3. 发展中介组织，提高农民生产经营的组织化程度

充分发挥农产品运销中介组织的作用，建立新型的农民专业合作组织，通过合作组织了解国内各大城市果菜批发市场的交易信息，扩大运销渠道，避免农产品滞销给农民造成经济损失。解决主要农产品行业在发展过程中出现的新问题、新矛盾，调解纠纷，提供服务。

4. 促进农民专业化分工

鼓励有条件的农民从传统"小而全"、多业兼营的生产经营方式中分离出来，从事专业化生产和经营，提高劳动生产率和经济效益。通过区域布局，突出特色产业，抓好"一村一业""一村一品"，扶持发展各类专业户、专业村和专业合作组织，促进农村劳动力的专业分工。

目前，乐东正针对一些特色村庄，实施"一乡一品"发展战略，努力打造知名瓜果菜品牌。我县的方老三哈密瓜、尖峰岭香蕉等品牌已走红国内外市场，乐东县政府正着力为其申请注册品牌，通过龙头企业和成立行业协会的带动，使一些富有特色的乡土产品走上产业化、规模化、集约化发展道路。

5. 构建农产品深加工体系

积极发展农产品的深加工，开发新产品，打造新品牌，增加农产品附加值，增强市场竞争力，促进深加工农产品出口创汇参与国际市场竞争，延长农业产业链，改变直产直销的单一渠道，防范市场风险。

6. 完善农业信息体系建设

建设信息采集、分析、发布、预警系统，推进信息进村入户工程。完善全省农业信息网，加快建设省级和县农业信息服务平台，拓展电子政务和电子商务网络，增强信息服务功能。加强信息队伍建设，提高信息服务水平。

7. 加快小城镇建设，实现农村剩余劳动力转移

加快农村小城镇建设，发展乡镇企业，提高农村工业化水平，引导农村剩余劳动力有序向二、三产业转移，提供就业机会。在保持农业可持续发展的同时，拓宽农民收入渠道，带动农村经济发展。此外，实施农村剩余劳动力转移培训，提高就业素质和岗位工作能力，进而提高农民的整体素质。

8. 扩大对外开放，促进外向型农业发展

自海南建设自由贸易试验区和中国特色自由贸易港后，面对国内外农产品竞争与挑战，乐东农业发展面临很大压力。因此，要审时度势，充分发挥自然环境资源优势，扩大对外开放与合作，积极引进外资、良种、良苗、栽培管理技术，加快传统农业技术的改造，变资源优势为资源技术综合优势，形成有一定规模的外向型农

业产业化结构。

9. 实施"百万农民培训"工程，实施科教兴农战略

实施"百万农民培训"工程，开展"绿色证书培训""跨世纪青年农民科技培训"等活动，培养农村科技带头人，提高实用技术进村入户率。加大农业技术推广应用力度，解决农业发展中的关键技术问题。组织开发和推广一些先进实用技术，重点推广良种良苗、设施农业、节水灌溉、无公害生产、节能利用以及农产品加工、保鲜、贮运等农业实用技术。依靠农业科技机构、科技龙头企业、民间科技社团等多种力量，创办农业科技示范园，举办多形式的科技推介活动，推动产学研、农科教有机结合，提高农业科技成果转化率和科技进步贡献率。

乐东县积极与南京农业大学、中国热带农业科学院等高校和科研单位合作，争取海南省委省政府的批准，建设一批国家级、省级标准化示范基地。以发展支柱产业和主导产品为重点，积极引进和扶持一批有竞争优势和示范带动能力强的龙头企业扩规模、创品牌。加快提高农业组织化和社会服务化程度，大力培育新型农业专业生产合作经济组织和农产品行业协会，构建起农民与社会化大市场相连接的桥梁。打造农工贸一体化、产供销一条龙的农业产业化经营体系，拉长产业链条。积极推进"公司+农户""农户+农户"模式，带动农民增收致富。

(三) 确保种植结构调整的技术措施

1. 良种良苗更新换代和推广普及

着力建设一批省县级良种良苗基地，搞好南繁育种基地和琼台优质种苗合作示范场建设。积极引进、选育、推广高产、优质、高抗性农作物良种，加快品种更新换代，实现主要农作物良种化、优质化。做好良种良苗引进的试验示范推广工作，组织基层农技人员和种植大户到现场观摩，通过他们对良种良苗进行大力推广普及，提高良种覆盖率。加强种子种苗基础设施建设，重点建设优势农产品种苗快繁脱毒中心、优质品种引育扩繁中心以及农作物种子加工、种子质量认证与检测、种质资源鉴定中心，提高良种综合生产能力。加强种子种苗质量监管，强化检疫，把好入境关。建设一批"信得过种苗场"，推行种苗质量承诺制度。继续办好优质种子种苗推介会，加快种业产业化进程。

2. 更新农艺技术，推进标准化生产

一是改革耕作制度，推进轮作间作制，减少农作物病虫害的发生。编印《农药、肥料使用知识手册》，引导农民科学施肥、合理用药。二是加强土壤监测，开展施肥肥效监测，建立土壤养分档案。有效控制使用硝态氮肥，鼓励使用有机肥和生物肥料，推广秸秆还田，推行测土配方施肥。三是制定农产品生产技术操作规程，建设

一批农业标准化生产示范区和生产基地，引导农民进行标准化生产。大力推广优良品种和无公害、标准化、测土配方施肥、地膜、微滴灌节水等先进技术，使优良品种和先进适用栽培技术覆盖率达90%以上。四是统一农资供应。重点是通过农民专业合作组织，帮助农户购置薄膜、铁架、竹竿等农资，降低设施建设和生产成本。五是确保质量安全。加强农产品质量安全检测，建立完善农产品质量追溯和责任追究体系，维护设施农业品牌和信誉。

3. 加强农产品质量安全体系和市场服务体系建设

加强农业综合执法队伍建设，组建农产品检测中心，确保农产品质量安全。不断提升农业科学管理水平，正式启动香蕉枯萎病防治等科研工作，发挥科技"110"的作用，打响农产品生态、绿色品牌。拓宽供销社"新网工程"服务"三农"网络作用，扶持龙头企业和专业大户，积极发展购销代理、产品配送、农资超市、网上交易等流通形式，延伸和拓展农产品国内外市场营销空间，带动农民走向市场。加大农贸市场升级改造力度，建立健全农贸市场体系，加强打击私宰泛宰力度，让人民群众吃上"放心肉"。积极组织参与三月三、香蕉节、海交会等活动，加强合作交流，促进产销衔接。

4. 发展热带特色农业，提高农业效益

近年来，蜜瓜、芒果、火龙果、金菠萝、毛豆等热带特色农业发展迅猛，农产品供给能力显著提升。2019年全年，粮食作物收获面积32.88万亩，总产量10.15万吨；瓜菜收获面积56.8万亩，产量81万吨，其中蜜瓜种植面积10万亩（不含当年复种）、毛豆8万亩；水果收获面积28.5万亩，产量39.5万吨，其中香蕉收获面积6.7万亩、芒果15万亩、龙眼3万亩、火龙果3万亩、金菠萝1.1万亩。热带、亚热带作物收获45万亩，其中天然橡胶38万亩、槟榔6.7万亩。新增标准化农业生产基地15个；无害化农产品生产基地7个（其中无公害农产品基地5个，绿色食品生产基地2个）；高效农业种植面积新增1.5万亩，推广榴莲蜜、黄金百香果、沃柑等新产业6000亩；推进海淡水养殖，实现海水养殖产量4421吨、淡水养殖产量10069吨。2019年出栏生猪16.9万头、牛13.7万头、羊11万只、家禽353万只（肉鸽12.37万只）。乐东县委、县政府把热带特色农业作为发展现代农业的重要抓手，在政策、技术、资金上加大扶持力度，有力促进农业增效、农民增收。

5. 净化农业生产环境

加强农业投入品的管理，探索建立农药、种子专营制度和保证金制度。严格执行国家关于农业投入品禁用和限用目录，全面清理整顿农资生产经营网点，严厉打击制售假冒伪劣农业投入品行为。实施"农药肥料监控工程"，杜绝剧毒、高毒、

高残留农药和重金属元素含量超标的液体肥流入瓜果菜生产基地，同时推介一批高效低毒的生物农药和高效化肥品种及其使用方法。推广应用农业植保机械。加强瓜果菜生产基地的环境质量检测，并及时通过新闻媒体公布检测结果。按照统一环境质量、统一关键技术、统一技术规程、统一监测方法、统一产品标识、统一认证办法的要求，着力建设一批无公害农产品生产示范基地，积极推进基地认证制度、挂牌制度和质量追溯制度。

6. 加快发展海洋渔业和畜牧业

搞好养殖规划，发展设施渔业，大力推广和扩大石斑鱼、罗非鱼等名贵海淡水产品养殖规模。进一步调整优化海洋捕捞作业结构，提升外海捕捞能力。做好岭头国家一级渔港项目建设的跟踪服务工作。加强海域使用管理和海洋环境保护，搞好滨海旅游等涉海项目服务工作，推进我县海洋经济快速健康发展。充分依托无规定动物疫病区示范区的功能优势，以养猪业和罗非鱼养殖为示范，大力发展畜牧养殖业和淡水养殖业，不断提高畜牧业和淡水养殖业在农业中的比重。

第二节 耕地质量评价与平衡施肥

一、概况

植物必需的营养元素有16种，其中碳、氢、氧主要来源于空气和水。主要靠土壤供给的可分为三类：第一类是土壤里相对含量较少，农作物吸收利用较多的氮、磷和钾，叫作大量元素；第二类是土壤里含量相对较多，农作物需要却较少，如钙、镁、硫等，叫作中量元素；第三类是土壤里含量很少，农作物需要的也很少，主要是铜、铁、锌、硼、钼、氯，叫作微量元素。当土壤中某些营养元素供应不足时，就要靠施用含有该营养元素的肥料来补充，缺什么，补什么；缺多少，补多少，使作物既吃得饱，又不浪费。达到土壤供肥和农作物需肥的平衡，这就是平衡施肥。

随着改革开放和农业市场经济的建立，乐东县种植业生产结构和劳动力结构发生了很大的变化，农业生产中的施肥出现了令人担忧的局面：一是农村青壮年劳动力涌入城市从事非农产业，老、弱、妇、幼成了本地农业生产的主力军，为了省工省事，单施化肥而不施用有机肥现象十分普遍；二是劳动者专业素质低，施肥凭经验、凭感觉，为了获取较高的经济效益，价值高的农作物大量施用化肥，造成资源的浪费和环境污染，而价值低的作物则疏于管理，不施或少施化肥，极少施用有机肥料；三是化肥投入幅度增加，但肥料利用率及肥料农产品的品质和生态环境质量降低。

为了在有限的耕地资源上生产出更多更好的农产品，人们在施肥实践中，已总结出许多增产增效的方法。乐东县自20世纪80年代以来，在施肥实践中不断总结经验，充分利用全国第二次土壤普查成果，针对耕地普遍少磷、缺钾的特点，在种植业上农民逐步认识到施足底肥有利于农作物生长，在此基础上大力推广配方施肥技术，经过多年的实践证明，取得了很好的成绩。平衡施肥技术既能提高肥料利用率，获得增产、增收，又能改善农产品品质，提高经济效益和生态效益，深受广大农户欢迎。

土壤肥力是一种动态变量。自全国第二次土壤普查以来，乐东县耕地土壤养分状况如何，耕地环境质量怎样，本次成果报告中都有详细资料。同时，还调查了一些种晚稻、种瓜菜农户施肥情况及经济效益情况。根据这次调查，掌握了乐东县耕地土壤的养分状况和农民施肥中存在的问题，为推广平衡施肥提供依据。

二、调查方法

调查结合本次耕地地力调查同时进行，布点、取样及样品分析项目和方法均依照《全国耕地地力调查与质量评价技术规程》进行。根据乐东县的实际情况，调查共取水稻土土壤样品2601个，其中冬季瓜菜基地样品1300个。样品布点基本上覆盖了全县水稻土土壤类型。

三、分析结果和质量评价

（一）施肥状况

乐东县主要农作物平衡施肥表见表6-1。

1. 大田施肥状况

通过调查400户农户得出，每年施用在水稻上的有机肥料平均4500kg/hm²，品种主要有猪粪、牛栏粪、土杂肥和草木灰等，无机肥料平均为尿素525.0kg/hm²·a，过磷酸钙607.5kg/hm²·a，氯化钾387kg/hm²·a，复合肥（N:P_2O_5:K_2O 为 15:15:15）225.0kg/hm²·a。根据实物折算成有效成分，分别为氮347.1kg，五氧化二磷219kg，氧化钾423.75kg，比例为1:0.63:1.22。以满足水稻生长的氮、磷、钾比例为1:0.52:1.2的标准来看，氮、磷、钾配比基本平衡，只是磷稍多一点。

2. 蔬菜地施肥状况

通过对50户种植蔬菜（品种：青皮冬瓜、辣椒）的农户调查得出，施用有机肥平均 15150kg/hm^2，主要品种有鸡粪、猪粪、羊粪、牛栏肥等。尿素平均 540kg/hm^2，磷肥 1050kg/hm^2，氯化钾 375kg/hm^2，复合肥（N：P$_2$O$_5$：K$_2$O 为 15：15：15）750kg/hm^2，折合成有效成分，氮、磷、钾分别为 649.2kg、648kg、729kg，比例为 1：1：1.12。

按 1000kg 蔬菜经济产量吸收养分氮 3.66kg，五氧化二磷 1.24kg，氧化钾 4.52kg（30 种蔬菜吸收养分的平均值）来看，磷肥的施用量过多，钾肥偏多，养分不平衡。

表 6-1　乐东县主要农作物每亩平衡施肥表

类别	五氧化二磷（P$_2$O$_5$, 16%）/kg				氯化钾（K$_2$O, 60%）/kg				氮肥（纯 N）/kg	产量/kg
	<5	5~10	10~20	20~25	<30	30~50	50~100	100~200		
常规稻	30	20	15	10	12~14	10~12	8~10	5	百公斤谷施 1.6~2.2	250~350
杂交稻	35	25	20	10	13~15	10~12	8~10	5	百公斤谷施 1.8~2.4	350~400
辣椒	50	45	40	25	25	20	15	10	千公斤施 4.5~5.5	2000
冬瓜	60	45	30	10	35	30	25	15	千公斤施 2.5~3.5	6000
豆角	30	25	20	10	12	9	6	酌量	千公斤施 2.5~4	1200
白菜	25	20	15	5	10	8	6	酌量	千公斤施 3~4	1500
黄瓜	50	45	30	20	25	21	17	酌量	千公斤施 2.5~3	4000
胡椒	43	35	28	20	20	15	12	8	百公斤施 6~7	250

（二）耕地养分状况

1. 有机质和大量元素

乐东县耕地土壤各种养分的平均含量分别为有机质 20.26g/kg，全氮 1.06g/kg，有效磷 12.25mg/kg，速效钾 40.10mg/kg，其含量等级分布情况如表 6-2 所示。从表

表 6-2　有机质和大量元素含量等级分布状况

含量分级	有机质		全氮		有效磷		速效钾	
	含量/（g/kg）	频率/%	含量/（g/kg）	频率/%	含量/（mg/kg）	频率/%	含量/（mg/kg）	频率/%
一级	>40	2.96	>2	4.36	>40	7.50	>200	0.81
二级	30~40	18.33	1.5~2	13.17	20~40	11.17	150~200	0.62
三级	20~30	26.13	1.0~1.5	31.33	10~20	16.60	100~150	2.31
四级	10~20	37.70	0.75~1.0	19.35	5~10	17.25	50~100	17.19
五级	6~10	12.03	0.5~0.75	19.35	3~5	12.78	30~50	28.45
六级	<6	2.84	<0.5	12.43	<3	34.70	<30	50.63

中可以看出，乐东县耕地土壤有机质含量在三级以下占 78.7%，全氮占 82.46%，乐东耕地土壤有机质和全氮属于中下等水平。土壤有效磷在三级以下占 81.31%，也属于中下水平，但土壤有效磷低于 3mg/kg 的六级水平占了 34.70%。土壤速效钾严重缺乏，三级以下占了 98.58%，而六级水平的速效钾占了 50.63%。因此，乐东县土壤有机质和大量元素含量整体水平较低，缺钾少磷现象还非常突出。

2. 中量元素

乐东县耕地土壤中量元素平均含量为：有效钙平均值为 1190.0mg/kg，含量属上等水平；有效镁平均值为 533.0mg/kg。从表 6-3 中中量元素含量等级分布情况可见，乐东县耕地耕层有效钙、镁的含量丰富。

表 6-3　中量元素含量等级分布状况

含量分级	有效钙		有效镁	
	含量/（mg/kg）	频率/%	含量/（mg/kg）	频率/%
一级	>1000	18.18	>300	14.38
二级	700~1000	18.44	200~300	21.74
三级	500~700	40.99	100~200	20.66
四级	300~500	14.49	50~100	19.77
五级	<300	7.89	<50	23.45

3. 微量元素

乐东县耕地土壤有效锌平均含量为 6.84mg/kg，根据第二次全国土壤普查养分等级划分标准，一、二级水平的有效锌占了 52.02%，四级以下仅占 14.86%，说明乐东县土壤有效锌丰富，处于中上水平。

四、目前施肥中存在的主要问题

目前施肥中存在的问题，主要表现在以下几个方面：

（一）有机肥施用量不足

有机肥施用量远远达不到维持土壤地力的要求。在调查的 400 农户中，农户都施用有机肥，但有机肥施用量不足，土壤有机质分解快，加上耕地复种指数高，乐东县耕地土壤中有机质含量仍然处于中下水平。

（二）氮、磷、钾配比不平衡

在种粮方面，偏施氮素化肥，磷、钾施用不足。在种植瓜菜方面，过分倚重三元复合肥，使某些养分过量，引发新的养分不平衡。

（三）化肥施用方法不当

主要表现在有机肥腐烂不彻底就施用，经常发生烧苗现象。为减少工作量，大部分农户直接将化肥撒施在地表上后不盖土，降低了肥料利用率。

（四）中微量元素肥不施或少施

乐东县土壤酸性较强，质地偏沙，除少数地区的有效钙、镁含量较高外，乐东县大多数土壤有效钙、镁比较缺乏；微量元素锌属于中上等水平。

五、对策

（一）增施有机肥，培肥地力

乐东县有机肥源丰富，要因地制宜，多形式、多途径增加有机肥料的投入。在当前种植业结构调整和无公害农业生产中，有机肥的大量施用是重要的一环。从实际出发，在农村应大力推广沼气建设，搞好人、畜、禽粪便的嫌气发酵利用。在平原地区坚持稻秆还田、塘泥上田。此外应充分利用冬闲发展兼种豆科作物，如扩大春花生的种植面积。最近几年来，冬春毛豆种植异军突起。毛豆旺销内地大中城市，带动毛豆种植业迅速发展。毛豆种植户经济效益不错，同一块地一冬春可以收获二次毛豆，对培肥地力很有好处。另外在蔬菜生产方面，应扩大豆类蔬菜的种植面积。

（二）大力推广测土配方施肥技术

充分利用调查成果，推广作物平衡施肥，应针对乐东县土壤养分状况，根据不同作物需肥规律和肥料增产效应，在施足有机肥的基础上，确定氮、磷、钾和微量元素的适宜用量和比例，采取正确的施用技术。此次调查结果表明，乐东县耕地土壤养分水平大体上是有机质和全氮属于中下等水平，有效磷属于缺乏，九成以上的耕地速效钾缺乏。因此，要因地制宜，实现因土因作物使用肥料，提高肥料利用率，避免肥料不必要的浪费，防止土壤出现新的养分不平衡。

（三）中量微量元素的平衡施用

乐东县水热资源丰富，耕地复种指数高，土壤淋溶作用强烈，大量元素的施用和作物产量的提高，必然引起土壤中微量元素的耗竭，其结果是导致作物产品质量下降和影响作物产量的进一步提高。因此，在平衡施肥中必须考虑中微量元素肥料的补充作用。

从乐东县地力调查的情况看，硼、锌、钼元素在该地区普遍缺乏，其他如铜、锌、铁、锰元素比较丰富。在农作物结果时期，如果硼元素缺乏就出现裂果现象。在作物施肥上，尤其是蔬菜要注意补充硼、钼微量元素。

（四）为发展无公害农产品生产提供技术支持

乐东县耕地环境质量很好，很适宜发展无公害和绿色农产品生产，应充分利用本次调查成果，组织乡镇农业技术推广部门统一宣传，统一示范和指导，因土配方，建立无公害农产品生产平衡施肥技术新模式，在种植业上普及平衡施肥技术。

（五）加强肥料质量监测，确保农民用上合格肥料

建议农业部门加强肥料的监测工作，杜绝不合格的复合肥、复混肥进入市场，做好各种肥料的检验登记工作，凡未办理登记的肥料一律不得进入市场，不得销售和推广。

第三节　耕地有效硫含量及分布特征

一、概况

（一）调查意义

硫是植物生长发育必需的营养元素，作物对其需要量大致与磷相当，有些作物甚至超过磷。在植物生理上，硫对作物蛋白质、油脂、维生素以及某些酶的合成起重要作用，能增进作物的御寒和抗旱性。缺硫不仅抑制作物产量，而且降低其质量，进而影响到人类和家畜的健康。

迄今为止，国内外对土壤硫素状况和硫肥肥效的研究已取得不少成果。到1993年，全世界已有70多个国家发现缺硫现象，并认为需要施用硫肥，硫在农业上的作用日益明显和重要。进入20世纪90年代，我国大部分省、市、县对土壤的硫素状况进行了较为系统的调查，刘崇群、张继榛、杨力、陈庆瑞、赵宏孺、吕玉平、刘念龙、陶其骧、杨俐苹等相继对甘肃、陕西、安徽、山东、四川、天津、江苏、湖南、江西等省市和北方地区土壤有效硫状况及硫肥效应进行了比较全面的研究。1991年在成都举行的"硫、镁和微量元素在作物营养平衡中的作用国际讨论会"，1993年和1995年在北京举行的"中国硫资源和硫肥的需求的现状和展望国际学术讨论会"和"中国硫肥的需求和发展国际学术讨论会"以及1997年在南京举行的"中国农业硫研究进展及其发展战略国际讨论会"上，先后报道我国土壤硫的基本状况、硫肥效应、土壤硫的平衡和需硫前景。

土壤中有效硫是作物硫素营养的主要来源，由于硫酸根的阴离子特点，在土壤中常因年份、季节和层次不同而多变，并易被雨水淋失。加之近几年来作物品种更

新，复种指数较高，以及作物产量不断提高，高效肥施用量逐渐增多，以及富含石膏的普通过磷酸钙用量渐少等，施肥中硫肥的比例减少，每年从土壤中携出的硫量逐步增大，从而使土壤有效硫入不敷出。乐东县土壤有效硫含量及其分布状况尚缺少调查研究。为此对本县土壤有效硫的含量及分布进行研究，探明乐东县土壤硫素状况，为土壤硫素的合理补充提供基础资料，以便建立土壤硫素平衡。

(二) 调查区概况

乐东县位于海南省西南部，依山临海，海岸线 84.3km。全县面积 2765.5km^2，人口 50 万，辖有 11 个镇和 7 个国营农场。是海南省少数民族自治县中人口最多、土地面积最大、文化较为发达的县份。乐东县年降雨量较丰富，年平均降雨量 1600mm，雨量相当充沛，土壤淋溶作用强烈，土壤水溶性硫容易随水流失。

二、调查方法

(一) 土壤样品采集

根据空间分布均匀的原则，用 GPS 定位采集了全县不同土壤类型 787 个耕层土壤样品。把样品在无硫污染的环境下风干、磨碎、过 1mm 筛，贮于塑料封口袋中备用。

(二) 土壤有效硫分析方法

参考《土壤农化分析法》及相关资料，选用磷酸盐-乙酸溶液为浸提剂，水土比 5:1，置于塑料振荡瓶中，在往返振荡器（200±20r/min）上振荡提取 1h 后，置于离心机 4000r/min 离心 3min，清液用 $BaSO_4$ 比浊法测定。

(三) 土壤有效硫丰缺分级标准

磷酸盐浸提硫丰缺分为 4 个等级，如表 6-4 所示。

表 6-4 土壤有效硫丰缺分级标准

等级	严重缺	缺乏	潜在缺或不缺	不缺或丰足
土壤有效硫含量/（mg/kg）	<8	8~16	16~30	>30

三、结果与分析

(一) 各乡镇土壤有效硫含量及分布频率

对全县 11 个乡镇 787 个耕层土壤样本测定结果如表 6-5 所示。全县土壤有效硫含量平均为 45.24mg/kg，最低 3.26mg/kg，最高 1294.85mg/kg，95%置信区间值为

38.25~52.22mg/kg。土壤有效硫含量>100mg/kg 的土壤的样点主要分布在佛罗镇、尖峰镇等乡镇。土壤有效硫含量<8mg/kg 的样点主要分布在千家镇与抱由镇等。土壤有效硫平均含量在 50mg/kg 以上的乡镇有佛罗镇、尖峰镇，分别为 95.18mg/kg 与 66.59mg/kg；平均有效硫含量低于 20mg/kg 的乡镇仅有千家镇，其有效硫平均值为 16.45mg/kg，最小值为 5.94mg/kg，最大值为 73.08mg/kg，95%置信区间值为 14.10~18.80mg/kg，其标准差也最小，为 9.57。

表 6-5　乐东县各乡镇土壤有效硫含量

乡镇	样品数	平均值/ （mg/kg）	95%置信区间/ （mg/kg）	最小值/ （mg/kg）	最大值/ （mg/kg）	标准差
抱由镇	38	27.06	22.18~31.94	3.26	63.95	14.84
大安镇	45	38.44	26.75~50.12	7.36	231.33	38.89
佛罗镇	109	95.18	57.27~133.09	6.75	1294.85	199.68
黄流镇	109	34.75	23.80~45.70	7.33	426.10	57.70
尖峰镇	115	66.59	40.06~93.12	7.72	1040.51	143.62
九所镇	72	46.43	36.13~56.74	11.95	253.95	43.85
利国镇	31	28.16	20.54~35.78	11.24	117.78	20.76
莺歌海镇	16	38.36	24.52~52.20	11.21	111.26	25.97
千家镇	66	16.45	14.10~18.80	5.94	73.08	9.57
万冲镇	92	24.36	21.14~27.57	9.77	110.14	15.51
志仲镇	94	30.50	24.71~36.29	7.40	163.96	28.28
全县	787	45.24	38.25~52.22	3.26	1294.85	99.81

乐东县各乡镇土壤严重缺硫（有效硫含量<8mg/kg）的样点，主要分布在千家镇与抱由镇，各占 9.1%与 7.9%。土壤有效硫含量主要分布在 8~16mg/kg 的乡镇有千家镇，频率高达 54.5%，占该镇的一半以上。全县 11 个乡镇中万冲镇、志仲镇、黄流镇、九所镇、利国镇、佛罗镇、莺歌海镇 7 个乡镇土壤有效硫含量主要都分布在 16~30mg/kg，其中万冲镇与志仲镇两乡镇 50%以上都分布在 16~30mg/kg 范围内。土壤有效硫主要分布在 30~100mg/kg 的乡镇有抱由镇、大安镇与尖峰镇。全县 11 个乡镇中，土壤有效硫含量>16mg/kg 占 70%以上的有 10 个乡镇，只有千家镇一个乡镇>16mg/kg 占不到 40%，即千家镇 60%以上的土壤，有效硫分布在<16mg/kg 范围内，属于缺硫频率比较高的乡镇。

（二）不同土类有效硫含量及分布频率

不同土类间有效硫含量的差异，源于成土母质中原生矿物和次生矿物中硫的释放和淋溶程度。对全县787个土壤样本的结果分析统计表明,乐东不同土类有效硫平均含量高低依次为滨海沙土>潮土>燥红土>水稻土>赤土,如表6-6所示。

表6-6 乐东县不同土类土壤有效硫含量

土类	样品数	平均值/(mg/kg)	95%置信区间/(mg/kg)	最小值/(mg/kg)	最大值/(mg/kg)	标准差
燥红土	207	49.95	32.54~67.35	6.75	1294.85	127.01
水稻土	269	45.52	32.90~58.14	6.46	1294.85	105.15
赤土	206	25.34	22.02~28.66	3.26	231.33	25.34
潮土	41	50.27	28.67~71.87	10.45	435.37	68.43
滨海沙土	64	89.63	57.79~121.48	7.72	529.16	127.47
全县	787	45.24	38.25~52.22	3.26	1294.85	99.81

1. 燥红土

乐东县的燥红土主要分布于乐东的西南临近沿海地区。其成土母质以花岗岩和古老海相沉积物为主。燥红土薄片的显微镜观察表明,由于长期受干热的生物气候影响,燥红土在形成发育过程中矿物风化淋溶程度较弱,薄片中残留有一定数量且颗粒比较大的长石,石英颗粒相对数量较多,粒径大,表面粗糙,缺乏光泽,垂直状裂隙广为发育。各种分解形态的有机残体数量少,有机质含量缺乏。燥红土的主导形成过程是红化作用,由于遭受侵蚀,燥红土近代成土过程遭受沙化,表层呈现漂白沙型土壤微垒结。土壤有效硫含量6.75~1294.85mg/kg,平均49.95mg/kg。主要分布频率的含量范围在16~30mg/kg,占49.76%。

2. 水稻土

遍布全县各地,以河流两侧、河流冲积平原、阶地、砖红壤台地,以及丘陵低山沟谷的低洼地分布比较集中。乐东水稻土的面积为284.57km^2,占全县土地总面积的10.05%。土壤有效硫平均含量45.52mg/kg,最高1294.85mg/kg,最低6.46mg/kg。主要分布频率的含量范围仍在16~30mg/kg。为41.64%。

3. 赤土

乐东赤土的面积为1226.90km^2,占全县土地总面积的44.66%,是全县占地面积最大的土类。土壤有效硫平均含量为25.34mg/kg,最低3.26mg/kg,最高231.33mg/kg,95%置信区间为22.02~28.66mg/kg,80%都分布在30mg/kg以下,<16mg/kg缺硫土壤占34.46%,潜在缺硫(16~30mg/kg)土壤占45.63%。该土类是全县土壤有效硫

含量最低、缺硫面积最广的土类。

4. 潮土

乐东县的潮土主要分布在河流沿岸，河流沉积物上发育的潮土土壤有效硫含量是全省含量相对较高的土类，全省平均含量仅次于滨海沙土。平均含量为50.27mg/kg，最高含量达435.37mg/kg，最低10.45mg/kg。土壤有效硫含量>30mg/kg以上的分布频率高达60.98%。是土壤有效硫丰足等级分布频率最高的土类。

5. 滨海沙土

乐东县的滨海沙土面积为78.15km^2，占土地总面积的2.84%。分布于本县西部临近北部湾与南海海域沿海海岸带。滨海沙土是沿海岸沙质堆积物发育而成的土壤。滨海沙土土壤有效硫含量是全县含量最高的土类。平均含量为89.63mg/kg，最高含量达529.16mg/kg，最低7.72mg/kg，95%置信区间为57.79～121.48mg/kg。含量>30mg/kg以上的分布频率为57.81%。

综上所述，乐东县土壤有效硫含量及分布频率因母质、土类、地域等不同而有明显差异，其不同含量级的分布频率也有很大变化。

(三) 各土类土壤有效硫丰缺状况

乐东县各土类土壤有效硫丰缺状况如表6-7所示，全县主要土类中土壤有效硫平均水平以赤土最低(25.34mg/kg)，但是都处于缺硫临界水平以上；其次是水稻土、燥红土、潮土、滨海沙土，这些土壤平均值均高于30mg/kg，最高为滨海沙土，土壤有效硫平均值高达89.63mg/kg。从缺硫土壤(<16mg/kg)分布频率来看：赤土(34.46%)>水稻土(23.79%)>燥红土(22.23%)>潮土(14.63%)>滨海沙土(14.06%)。其中水稻土、赤土严重缺硫(<8mg/kg)土壤分别占2.97%和1.94%，这是当前需要施用硫肥的两类土壤。

但从潜在缺硫土壤(16～30mg/kg)分布频率来看，燥红土(49.76%)>赤土(45.63%)>水稻土(41.64%)>滨海沙土(28.13%)>潮土(24.39%)。其中赤土>水稻土>滨海沙土，其规律与缺硫土类相同，对燥红土、赤土、水稻土等土类施用硫肥应引起注意。

再从土壤缺硫(<16mg/kg)面积看，赤土最大，为422.79km^2；其次是水稻土和燥红土，分别为67.70km^{2}和61.34km^2。全县总的缺硫面积为568.94km^2，约占全县土地总面积的21%；潜在缺硫面积为847.81km^2。可见乐东县今后农业生产中，土壤缺硫的威胁很大。

表 6-7　乐东县主要土类土壤有效硫分布频率及缺硫面积

土类	面积/km²	样品数	有效硫/(mg/kg)	有效硫频率/%				缺硫面积/km²	潜在缺硫面积/km²
				<8	8~16	16~30	>30		
燥红土	275.95	207	49.95	0.97	21.26	49.76	28.02	61.34	137.31
水稻土	284.57	269	45.52	2.97	20.82	41.64	34.57	67.7	118.49
赤土	1226.9	206	25.34	1.94	32.52	45.63	19.91	422.79	559.83
潮土	41.8	41	50.27	0	14.63	24.39	60.98	6.12	10.2
滨海沙土	78.15	64	89.63	1.56	12.5	28.13	57.81	10.99	21.98
全县	1907.37	787	45.24	1.9	23	42.82	32.27	568.94	847.81

四、建议

（1）全县 11 个乡镇中土壤严重缺硫（有效硫含量<8mg/kg）的样点主要分布在千家镇与抱由镇，各占 9.1%与 7.9%；土壤缺硫（有效硫<16mg/kg）以千家镇最为严重，频率高达 63.64%，其次是黄流镇、利国镇与抱由镇，分别为 32.11%、29.03%与 28.95%。其余乡镇缺硫程度相对较轻，都占 25%以下。九所镇缺硫土壤频率最低，仅占 6.94%。

（2）全县土壤有效硫含量平均为 45.24mg/kg，最低 3.26mg/kg，最高 1294.85mg/kg，95%置信区间值为 38.25~52.22mg/kg。不同土类有效硫平均值含量高低依次为滨海沙土>潮土>燥红土>水稻土>赤土。乐东县土壤有效硫含量因乡镇、土类等不同而有差异。

（3）土壤类型中乐东县缺硫土壤类型以赤土最缺，频率高达 34.46%，其次是水稻土和燥红土，分别为 23.79%与 22.23%。潜在缺硫（有效硫 16~30mg/kg）的土壤主要有燥红土、赤土及水稻土，缺硫频率分别为 49.76%、45.63%和 41.64%。

（4）乐东全县缺硫土壤面积约为 570km²。如耕层施入硫肥以 5mg/kg 计算，即 26.5kg/hm²，则每年需硫肥约 1510 吨。潜在缺硫土壤面积约为 850km²，每年需硫肥约 2250 吨，二者合计需要硫肥约 3760 吨。近些年因有机肥和含硫化肥的投入减少，全县部分地区已表现为土壤有效硫缺乏，但因不同作物间需要土壤的有效硫临界指标不同，建议根据当地实际情况，用 90%相对产量时土壤有效硫含量作为临界值，此临界值适合目前高产栽培条件。应重视硫肥的合理投入，以利于更有效地施用硫肥。

第四节　耕地资源利用的对策与建议

土地是人类赖以生存和发展的最基本的物质基础，是作物生产的前提。耕地是土地的精华，是人们获取粮食与其他农产品不可替代的生产资料。乐东县土地总面积 2765.5km²，土地资源不能满足乐东县发展现代化农业的需要。因此，在土地资源匮乏的情况下，保护好耕地，提高耕地质量，提高土地的利用率，增加作物产量和提高作物质量来增加农民的收入显得极其重要。在耕地保护中，不仅要注重耕地的数量，还要注重耕地的质量及其基础生产能力。本次调查是为探索农业中土地存在问题，寻找农业科学发展的出路，以便科学合理地利用土地资源，满足乐东县农业对土地资源的需求。

一、耕地资源利用的改良状况

（一）耕地资源利用状况

据统计，乐东县现有耕地面积 473km²，户籍人口 54.72 万人，乡村人口 412372 人，人均耕地面积 1.30 亩，低于全国人均耕地面积（1.39 亩）。

（二）耕地资源利用方式

随着改革开放的深入，以及"三农问题"的提出，乐东县农村经营体制、耕作制度、种植结构、种植规模都发生根本性的变化。改变了原来以水稻种植为主的耕作方式。大力发展哈密瓜、芒果、香蕉等热带经济作物、反季节蔬菜生产，同时注意庭院经济的发展，提高复种效率，树立基本以经济作物为主的农业生产方式。以上极大地增加了农民的收入，提高了生活水平。同时境内分布的农场，为传统的个体农业向着现代集约化农业的转变提供了良好的条件。

（三）农牧渔生产情况

近年来，乐东县委、县政府高度重视农牧渔业生产，将其作为发展现代农业的重要抓手，在政策、技术、资金上加大扶持力度，有力促进农业增效、农民增收。2019 年，全年粮食作物收获面积 32.88 万亩，总产量 10.15 万吨；瓜菜收获面积 56.8 万亩，产量 81 万吨；水果收获面积 28.5 万亩，产量 39.5 万吨。热带、亚热带作物收获 45 万亩。新增标准化农业生产基地 15 个；无害化农产品生产基地 7 个；高效农业种植面积新增 1.5 万亩；推进海淡水养殖，实现海水养殖产量 4421 吨、淡水养殖产量 10069 吨。2019 年出栏生猪 16.9 万头、牛 13.7 万头、羊 11 万只、家禽 353 万只（肉鸽 12.37 万只）。

二、耕地土壤的改良情况

与第二次全国土壤调查相比，耕地养分含量有下降，但不明显，而菜园地由于大量化肥的使用，土壤中的养分含量较高，尤其是磷的含量很高。在培肥土壤工作中，还未取得进展，耕地退化面积日渐增加，且表现出多种形式。

(一) 农田基础设施建设

2019年，乐东县进一步加大支农力度，不断改善农民生产生活条件，全县顺利完成建档立卡户14524户、贫困户60583人脱贫任务，贫困发生率从2013年底的10.14%降低到零。完成农村公路通车里程1032.61km，增长3.0%。加固水库78宗，新修渠道44.25km，修复水毁灾损水利工程12处。

农业现代化水平进一步提高。2019年末，农业机械总动力74.31万千瓦，同比增长0.08%；拖拉机0.85万台，同比增长3.66%；农用运输车0.57万辆，同比增长2.4%。全年化肥施用量（折纯）4.97万吨，同比下降1.97%；现有农田有效灌溉面积1.44万公顷，同比增长1.7%。

(二) 推广秸秆还田，增加土壤有机质

乐东县大力推广秸秆还田和综合利用技术，这种利用方式不仅能够提供生活能源，同时也能提供有机肥源。近年来，县农业推广技术人员引导和发动农民自觉认识秸秆是最现成的、最大量的、成本较低的有机肥源取得了成效。秸秆还田能够增强土壤有机质，改善土壤结构，提高土壤肥力状况；同时还可以改变群众田间焚烧秸秆，造成环境污染的不良利用方式。

(三) 增施有机肥，培肥地力

反季节瓜菜、热带水果经过数年探索和实践，远销国内外。但由于农民重施化肥，偏施氮肥，瓜果菜口感、外观、营养等品质下降，甚至有失去市场的可能。农作物的增产也主要是靠大量的化肥施用来实现的。化肥的过量、长期以及不平衡的施用，会浪费肥料，造成土壤的退化，进而影响到作物的生长。因此引导农民改变重施化肥，而不注重有机肥施用的施肥方式是培肥增效的一项重要举措。有机肥不仅可以为作物的生长提供其所需养分，还可以改善土壤肥力。

(四) 推广测土配方施肥，科学施肥

20世纪80年代以来，农民大量施用化肥、轻施有机肥，尤其是20世纪90年代后，有的耕地完全不施有机肥。偏施氮肥，轻施磷、钾肥。在肥料的使用中，农民施肥带有较大随意性和盲目性。农民一般根据农作物长势施肥，却忽略土壤的养分情况及农作物不同生长期对养分的急需程度以及用量的科学施肥技术，使得肥料利用率不高，肥料浪费，而且还破坏土壤良好的结构，造成地力下降；氮、磷肥的流失也带来了巨大的环境压力。近几年来，农技推广部门花费了大量的财力、物力在不同乡镇开展测土配方施肥试验示范，通过示范效果，召开现场会、座谈会，引导和鼓励农民树立科学的施肥观。争取达到降本增效和保护耕地的作用。

三、耕地改良利用中存在的问题

（一）重数量，轻质量

在基本农田保护中，乡镇偏重对基本农田数量的保护，却忽视了耕地质量对农业生产的重要作用。基本农田数量增加，而耕地的土壤结构变坏、肥力下降等耕地质量下降。这样的基本农田的生产力很低，无法满足农业生产的需要。政府资金投入主要集中在完善排灌系统修筑围坝，防止涝灾等水利设施方面，而对耕地养分的变化情况、生产性能的评估及耕地环境保护投入少。总的来说，基本农田保护应该包括数量和质量两方面，政府对农业的投入还不能够保证基本农田保护两方面的需求。如果不能保证基本农田数量，耕地质量的长期监测也无法进行，这样也就不能够满足发展现代农业的需求。

（二）重用轻养，缺乏可持续发展的施肥思路

由于耕地资源缺乏，农民往往通过提高复种频率来满足他们对作物的需求。这样耕地长期处于超负荷生产和入不敷出的状态，作物从土壤带走很大数量的养分，耕地养分大量消耗，速效养分含量也会下降。农民培肥地力的意识淡薄，重用轻养，造成土壤养分含量的下降和退化。同时肥料资源在配比上普遍存在不合理的现象，大量施用氮肥，浪费肥料，对磷钾肥的投入少，不能满足作物产量和品质的需求。肥料的综合效应低。由于农民忽视培肥耕地以及对肥料的不合理使用，耕地的生产力难以提高。

（三）重化肥，轻有机肥

农民由于对作物需求养分规律缺乏了解，大体上根据经验或者是作物长势确定施肥。化肥见效快，价格适中。农民在施肥时往往选择化肥。而且农民对作物生长时所需要的养分种类以及数量没有精确的了解，对三种大量元素养分的使用的数量和比例也不合理。在有机肥的使用中，由于缺乏有机肥对土壤改良重要作用的认识，以及有机肥肥效产生缓慢，使用时投入的劳动力大等因素，农民选择少施或者不施有机肥，缺乏主动利用野生资源的积极性。如何加强农民对野生绿肥的使用意识，加大对这种丰富、廉价、肥效高的绿肥的运用，政府还需要做大量宣传、发动、示范、推广工作。乐东县的野生绿肥生产旺盛，尤其飞机草这种对生长环境要求低、

生长迅速、生物量大的野生绿肥资源丰富。此外，水稻秸秆、番薯茎、花生蔓、玉米秸秆等也是很好的有机肥源。农作物秸秆数量大，能提供大量有机肥。如果将野生绿肥和作物秸秆作为有机肥，那么土壤有机质含量将增加，土壤结构也将得到改善。有的农村由于缺乏燃料，以秸秆当燃料，有的地方有在田间焚烧稻草的不良习惯。要改变这种对秸秆利用不当的情况，需要政府组织专家努力通过多种形式、多种渠道对农民进行宣传教育，最好是能够通过示范给农民一个实在的例子。逐步让农民认识这些有机肥源的实用价值和可操作性，改变原来对有机肥源不合理利用的现象。

(四) 水土流失缺乏重视

近年来由于种植制度的调整，乐东县种植反季节哈密瓜、西瓜和发展热带水果势头较猛。种植户往往会选择沿海的沙地进行种植，砍伐沿海的树木，有时甚至砍伐防风林进行西瓜的种植。目前，发展热带水果种植已从平坦地带向山坡和丘陵地带进军，砍伐野生林现象普遍存在，为了减少成本，农户没有平整土地，也没修筑梯田、进行等高线种植。乐东雨季时多暴雨，土壤受到极大的冲刷，水土流失极严重。应引起当地政府及有关部门高度重视，采取有效措施给予解决，同时引导群众树立水土保持对农业生产重要性的意识。

四、耕地改良利用建议

肥沃、结构良好的土壤是发展高产、优质、高效的现代农业的基础；科学开发和合理地利用土地资源，又是农业生产的基础。在此基础上，确定利用制度、利用方式，调整农业结构，促进农业增效、农民增收。积极把乐东县农业打造成"贸工农一体化，产加销一条龙"的农业产业化经营体系。积极发展反季节瓜菜生产及热带经济作物生产，因地制宜，合理调整作物布局，宜农则农，宜牧则牧，宜果则果，宜菜则菜，宜渔则渔，宜林则林。乐东县耕地调查分析结果表明，土壤酸度高；有机质、全氮、全钾与第二次土壤调查相比变化不大，全钾和速效钾在种植香蕉时含量比其他利用方式的土壤高很多；磷含量在蔬菜生产中含量上升非常明显，甚至超出一级耕地最低标准的10倍；微量元素如钼和硼缺乏严重，而有的土壤出现了铅、汞、镉等微量元素超标的情况。耕地基础生产能力还不能满足发展乐东现代农业的需求，因此，为了适应乐东农业发展的需要，在培肥地力、提高耕地质量以及肥料使用中特提出以下建议。

(一) 政府提高对农业的关注度及投入

政府在制定耕地保护措施时，一方面要注重基本农田数量的保持；另一方面也应该重视地力的培肥工作，提高耕地的质量。随着农业产业结构不断升级，对耕地的需求面积在增加，而对土壤质量的要求也在上升。尤其是在热带水果和反季节蔬菜的生产中，对耕地质量要求较高。乐东县土地资源不足、养分贫乏，很大程度地制约着农业持续快速发展。在土地面积相对一定的时候，政府应把土肥工作的重心从保持耕地数量转移到提高耕地质量上来。应改造中低产田，根据不同的限制因素，进行针对性的改良，改善土壤环境，提高土壤肥力。在耕地的保护中，个别农民缺乏资金和认识，因此需要政府充足的资金投入以及大力的宣传，从而为乐东县现代农业的发展奠定基础。

（二）调节化肥的施用量

乐东的自然资源良好，发展多季农业有得天独厚的优势。改革开放以来，为了满足市场的需求，复种指数进一步增大，耕地长期处于超负荷的生产和养分入不敷出的状态。农作物不断从土壤中带走氮、钾、磷元素，而在施肥中农民有偏施氮肥、磷钾肥施用不足的习惯。偏施氮肥，尤其是酸性的氮肥，导致土壤板结，土壤结构被破坏，土壤酸化，影响土壤肥力的提高；而且还会引起环境问题。土壤中钾、磷两元素缺乏，限制作物产量的增加以及质量的提高。可见，引导农民树立科学施肥观念可以取得一举多得的效果。应合理配置肥料资源，实现土壤养分与作物需求相统一的科学施肥，增强施肥效果。

（三）开辟有机肥源，增加土壤有机质含量

乐东县属于热带气候，自然土本身在强烈的生物作用下有机质含量低；开垦后用于农业生产后，土地频繁翻动，有机肥的使用少，所以土壤有机质含量很低。有机质对土壤肥力具有重要的作用，对土壤的理化性质产生很大的影响。增加土壤有机质是提高土壤质量的重要手段。

1. 充分利用野生绿肥资源

乐东县雨量充沛，温度高，为野生绿肥生长提供了良好的环境。飞机草、水葫芦、羊茅类以及蟛蜞菊等野生绿肥生长良好，生长量极大，并且飞机草和水葫芦已经成为危害环境的外来生物。如果能够引导农民采集野生绿肥，利用生物肥制剂发酵熟化，或者是用作沼气原料后，作为有机肥使用，不但可以增加土壤有机质含量，还可以改善土壤结构，减少外来生物危害。

2. 大力推广秸秆还田技术

乐东县粮食作物中水稻播种面积占耕地面积的61.97%，香蕉种植面积有4597hm^2，番薯种植面积1551hm^2，花生种植面积1935hm^2，菠萝种植面积550hm^2；农民还有种植花生以及豆类的习惯，所以秸秆产量非常大。推行秸秆还田将有效地增加土壤有机质。近年来，在政府支持下，积极推广秸秆还田技术，为了不误农时，可以采用"腐杆灵"或者生物熟化剂熟化秸秆；也可以提倡秸秆打碎后 $3t/hm^2$ 还田；还可以根据条件发展沼气。群众有在田间焚烧秸秆和用秸秆当作燃料的习惯，成为秸秆还田的制约因素。为了减少秸秆作燃料用，以增加秸秆回田的可能性，应以沼气池建设项目为契机，发动群众积极建造沼气池，解决农村能源短缺问题，促进秸秆还田。

3. 合理利用人畜粪尿

2018年乐东县常住人口48.27万人，生猪年饲养量48.0万头，牛年出栏量1.41万头，羊年出栏量10.7万只，家禽类年出栏量310.8万只。近年来，乐东养殖业发展势头迅猛。在养殖数量上升的同时，产生的排泄物将是巨大的有机肥料来源。有的养殖场已经建成了循环养殖（作物—养殖—粪尿—沼气—作物）的模式，建造了沼气池，粪尿发酵后用作有机肥，种植作物。在生态文明村的建设中，政府鼓励和帮助农民建造沼气池，推行"一体三改"（即改厕、改粪室、改厨连成一体）技术。建造粪尿集中回收沼气池，防止肥效损失。这种利用方式既能供给农村能源，又能净化农村生活环境，还能提供有机肥。沤熟的粪尿也是很好的有机肥。

4. 发展绿肥生产

在乐东可以应用紫云英、苕子、猪屎豆等绿肥，果园中可以种植木豆，桉树林下可种植坚尼草等绿肥。绿肥培肥地力效果明显，以紫云英为例，$1hm^2$ 绿肥可固氮153kg，活化、吸收钾126kg。这些绿肥生长条件要求较低，生产量大，豆科绿肥发生固氮作用，增加肥效。绿肥的种植还可增加地面覆盖，防止水土流失。

（四）改变耕作制度，调整作物布局

调节土壤水气性状，促进土壤养分转化，又利于作物吸收养分和土壤有益微生物的生长。比如乐东县的反季节瓜菜生产就是以下水田为基础，改变了下水田的潜育的不良特性。调整了作物结构，同时促进整体农业效益的增加。根据土地状况，推行宜林则林，宜农则农，宜果则果，宜牧则牧，宜渔则渔，宜菜则菜的农业全面发展策略。

（五）加强农田基础建设

1. 加强现有水利工程的管理和维修

乐东全县大小河溪纵横，水利水力资源丰足，现建有大小水库115宗。其中长茅水库为大（二）型水库，库区集雨面积 $256km^2$，坝顶高达164.5m，总库容1.421亿立方米，设计灌溉面积17.3万亩，是集灌溉、发电、养殖于一体的综合工程。乐东县大力建设农田水利基础设施。近年来，完成抱由镇明霞田洋中低产田、利国镇抱佛田洋中低产田等四个改造项目,累计完成改造中低产田 7.6 万亩,完成投资 5994 万元,增加灌溉面积 0.77 万亩,改善灌溉成效面积 5.17 万亩。

2. 改良低产田

乐东县低产水稻田的类型包括潜育型、渗育型、淹育型、沼泽和盐泽水稻土,占水稻土总面积的 32.96%,严重影响了水稻的生产。渗育型和潜育型水稻土又是乐东县低产田的主要土壤类型,主要问题是水分状况不良。针对低产田应该主要采取工程措施进行改良,比如渗育型水稻土的改良可以采取下列方式:

(1) 挖环山沟。即在山坡脚边缘挖深沟,阻截山坡侧渗水,使雨水和侧渗水从沟中流走,以免漂洗土层。

(2) 做好渠道防渗,减少侧渗水源。

(3) 修建田间排水沟,降低地下水位。

(4) 增施有机肥料,改良土壤结构;潜育型水稻土的改良应该深挖排水沟,降低地下水位,改变通气状况,促进养分良性循环;而对淹育和沼泽水稻土,排水是最重要的措施,可以改变长期积水的状况,如利用浅沟筑台排水,降低水位,还可以利用秸秆还田 50cm 改变其透水性能,形成良好的水、气环境。

3. 保护防风林以及水土保持林

近年来,由于西瓜种植面积的扩大,西瓜种植已经向沿海土地发展,甚至出现砍伐防风林种植西瓜的情况。这种土地利用方式极不科学:一是土地利用的年限短;二是防风林的破坏增强了台风和潮水对沿海地区的威胁;三是土地贫瘠化、沙漠化有向内陆发展的趋势。此外,人们由于贪图当前利益,大片砍伐或者是偷伐水土保持林,从而又加剧了水土流失。

4. 加强农产品流通重点设施建设

乐东处于独特的热带气候带,热带水果以及反季节蔬菜畅销国内外,所以保证热带水果和反季节蔬菜的及时上市是提高瓜果蔬菜生产效益的重要途径。交通状况的改善和临时储存库的建设是保证农产品顺利流通的前提。

(六) 充分利用土地,发展多种经营

1. 大力发展热带经济作物和香蕉、芒果生产

乐东瓜菜、香蕉、芒果生产的历史悠久,当地农民商品意识较强,有丰富的农业种植经验和市场风险承受能力。改革开放以来,乐东把瓜菜、香蕉、芒果生产作为富民强县的主导产业,发挥技术与资源优势,抓调整,建市场,壮龙头,促发展。特别是近几年来,乐东积极调整优化农业产业结构,大力发展瓜菜、香蕉、芒果生产,建起了一大批颇具规模的瓜菜、香蕉、芒果生产基地;重视农副产品市场体系

建设，已形成了以批发市场为中心，以集贸市场为支点，以中介组织和运销队伍为纽带的大流通格局；坚持科技兴农，增创竞争优势，大力引进、开发、推广新品种和新技术，推动瓜菜、香蕉、芒果生产向名优特和无公害的方向发展。

2010年4月12日，国家主席习近平到乐东县卧龙岭现代农业生产基地调研时，对乐东县近年来大力推广先进生产技术、形成规模化和产业化发展所取得的成绩表示肯定。目前，冬季瓜菜种植面积常年保持0.67万公顷以上，芒果种植面积1.04万公顷，香蕉种植面积0.46万公顷，其中万亩基地3个，千亩连片基地17个，百亩连片基地260个。

2. 发展林业，合理安排树种及其比例，发挥综合效益

乐东县是林业大县，林业用地占全县土地面积的43.1%，但是九所、利国、黄流、莺歌海和佛罗五镇的林地面积相对偏小。在五镇沿海发展林业，尤其是加强沿海防护林的建设是发展综合农业的保证。良好的森林系统，既可以提供木材，还可以防风固堤，同时可以改善气候，保持水土。因此，发展林业应该合理地选择树种及其树种之间的比例，避免桉树的单一种植。

3. 搞好反季节蔬菜种植

冬季蔬菜生产是乐东县优势农业产业。乐东生产的冬季蔬菜主要销往我国北方大中城市，部分蔬菜也销往香港、澳门和向日本出口。近几年来，乐东县根据国内北方市场的需求，调整蔬菜品种结构，提高蔬菜产品质量，大力发展名优特蔬菜生产，推广无公害生产技术，名优特蔬菜和优质精品蔬菜生产面积一直保持在0.67万公顷以上，产量稳定在17万吨左右。

4. 保护草原，发展畜牧业

发展山地种植牧草养殖，有利于有效防止水土流失，增加养殖数量；还可以依托热带农业科学院品质资源所草业和动物科学科技力量，改变种植结构，开展牧草高产栽培-规模畜牧；有利于改善人们的食物结构。因地制宜地发展牧草栽培，促进畜牧生产也是农业增收的一项重要措施。

5. 开垦后备耕地资源，保护现有耕地

为了适应农业发展需求，需要开发后备土地资源进行农业生产。利用后备土地资源时，要注意对环境的保护。目前，现有耕地出现了养分退化、酸化、污染、结构变坏等一系列问题，应该采取针对性措施对其进行改良。保护现有耕地，提高耕地质量。还要对闲置土地进行收回利用。近年来，乐东共计收回闲置地2300余公顷，有效地推动了农业的发展。

6. 利用水域进行水产养殖

乐东海岸线 84.3km，沿海水洁沙白，滩涂广阔，是发展养虾业的黄金宝地。乐东生产的对虾个大肉肥，肉质细嫩，清香味美，营养丰富，在国内外市场享有盛誉。近几年来，乐东拓宽渔业经济发展新领域，将高端养殖作为新的经济增长点，品种主要有石斑、南美白对虾、斑节对虾、基围虾。一年四季，都有产品供应上市，特别是每年春节前后是乐东养殖业的繁盛期。欢迎海内外客商前来乐东运销鲜活优质渔业产品。

参考文献

[1] 汤国安，赵牡丹. 地力信息系统. 北京：科学出版社，2000.

[2] 鲁如坤. 土壤农业化学分析方法. 北京：中国农业出版社，1999.

[3] 海南省农业厅土肥站. 海南土种志. 海口：海南出版社，1994.

[4] 海南省统计局. 海南统计年鉴（2006）. 北京：中国统计出版社，2006.

[5] 海南省统计局. 海南统计年鉴（2019）. 北京：中国统计出版社，2019.

[6] 海南省农业农村厅. 海南农业年鉴（2019）. 海口：南方出版社，2019.

[7] 漆智平. 热带土壤学. 北京：中国农业大学出版社，2007.

[8] 龚子同，张甘霖，漆智平. 海南岛土系概论. 北京：科学出版社，2004.

[9] 全国农业技术推广服务中心. 耕地地力评价指南. 北京：中国农业科学技术出版社，2005.

[10] 中共乐东黎族自治县委史志研究室. 乐东年鉴（2019）. 海口：南海出版社，2019.